Ulrike Rathjen / Michael Otten

Gemeinsam beginnen

im Sachunterricht Klasse 1–4

Cornelsen
SCRIPTOR

Die Autoren:

Ulrike Rathjen, Grundschullehrerin und Lehrerin für die Sekundarstufe I, war zunächst wissenschaftliche Mitarbeiterin im Sachunterricht an der Universität Vechta und ist zurzeit als Pädagogische Mitarbeiterin ans Lehrerfortbildungsinstitut Bremerhaven abgeordnet. Sie hat zahlreiche didaktische Publikationen veröffentlicht und an den Arbeitsheften „Umweltfreunde" mitgearbeitet.

Michael Otten, Grund-, Haupt- und Realschullehrer, war zuvor Lektor für die Didaktik und Methodik des Sachunterrichts an der Universität Bremen und arbeitet zurzeit als wissenschaftlicher Mitarbeiter im Sachunterricht an der Universität Vechta. Er hat zahlreiche didaktische Publikationen veröffentlicht und ist in der Lehrerfortbildung tätig.

Projektleitung: Gabriele Teubner-Nicolai, Berlin
Redaktion: Daniela Brunner, Düsseldorf
Illustration Umschlag und Inhalt: Cleo-Petra Kurze, Berlin
Umschlaggestaltung: Ungermeyer, Berlin
Layout und technische Umsetzung: Dagmar & Torsten Lemme, Berlin

www.cornelsen.de

1. Auflage 2014

Druck: CPI – Clausen & Bosse, Leck

ISBN 978-3-589-16297-0

Inhalt gedruckt auf säurefreiem Papier aus nachhaltiger Forstwirtschaft.

Vorwort 5

Spielerische Einstiege

Das Faule Ei	ab 1	*Sachbegriffe zuordnen und erklären*	9
Enträtseln	ab 1	*Ein Medium rekonstruieren*	10
Schläfst du noch oder denkst du schon?	ab 1	*Gezielt Sachfragen beantworten*	11
Ampelspiel	ab 1	*Sich positionieren*	13
Erklären mit Hindernissen	ab 2/3	*Sachbegriffe erklären*	14
Bingo	ab 2	*Sachbegriffe zuordnen*	15
Mit 3 bist du dabei	ab 2	*Frage-Antwort-Quiz*	17
Frage – Antwort – Tor	ab 2	*Frage-Antwort-Quiz*	19
Fantasiereise	ab 2	*Zur Ruhe kommen, auf Inhalte einstimmen*	21
Pantomime, Standbild	ab 3	*Situationen versinnbildlichen*	22

Kommunikative Einstiege

Automatisches Sprechen	ab 1	*Spontan Assoziationen äußern*	23
Meinungslinie	ab 1/2	*Sich positionieren*	24
Kugellager	ab 2	*Partnergespräche führen*	25
Dilemmageschichte	ab 2	*Probleme identifizieren und lösen*	26
Motorinspektion	ab 2	*Meinungsbild der ganzen Lerngruppe visualisieren*	27
4-Felder-Profil	ab 2	*Standpunkte mitteilen, sich kennenlernen*	28
Schreibgespräch	ab 3	*Non-verbal zur Sache kommunizieren*	30
Placemat erstellen	ab 3	*Non-verbal zur Sache kommunizieren, einigen*	31

Audio-visuelle Einstiege

Stummer Impuls (Abbildung)	ab 1	*Denk- und Sprechanlässe initiieren*	33
Stummer Impuls (Gegenstand)	ab 1	*Denk- und Sprechanlässe initiieren*	34
Podcast, Film, Hörmedium	ab 1	*Sachbegegnung durch Ansprechen von Lernkanälen*	35
Vortrag	ab 1	*Informationen gezielt transportieren*	37
Erzählungen	ab 1	*Narrationen als Impuls*	38
Demonstrationsversuch	ab 1	*Gezieltes Beobachten für Erkenntnisgewinn*	39
Picture-Show	ab 2	*Visuelle Sachbegegnung*	40
Comic, Bildergeschichte	ab 1/2	*Narrative, humoristische Sachbegegnung*	41
Karikatur	ab 3	*Bildhafte Analogien reflektieren*	43

Assoziative Einstiege

Fishbone erstellen	ab 2	*Sachbegriffe hierarchisch visualisieren*	45
Mindmap erstellen	ab 2	*Sachbegriffe (hierarchisch) visualisieren*	47
Concept-Map erstellen	ab 2	*Sachbegriffe und Zusammenhänge anordnen*	49
Assoziationen	ab 2	*Ideen visualisieren*	51
Assoziationen mit Buchstaben	ab 2/3	*Sprachlich-begriffliche Ideensammlung*	53
Ideensammlung	ab 2	*Ideen zusammentragen und visualisieren*	54
sechs – drei – fünf	ab 3	*Kooperative Ideensammlung und Problemlösung*	55
Kopfstandmethode	ab 3	*Kreative und neue Blickwinkel*	57

Produktive Einstiege

Fehler finden und korrigieren	ab 2	*Produktiver Umgang mit Sachwissen*	59
Satzanfänge weiterführen	ab 2	*Sachlogik erfassen*	60
Lückentexte vervollständigen	ab 2/3	*Sachkontexte erschließen*	61
Demontieren	ab 3	*Technisches Verfahren*	63
Markt der Möglichkeiten	ab 3	*Materialangebot nutzen, sich informieren*	64

Vorwort

Lehrkräfte haben eine verantwortungsvolle und herausfordernde Aufgabe zugleich: Sie initiieren, begleiten Lernprozesse von Kindern. Lernen im Sachunterricht trägt zu grundlegender Bildung bei (vgl. GDSU 2013, S. 9). „Die […] *Aufgabe des Sachunterrichts* [Hervorhebung im Original] besteht darin, Schülerinnen und Schüler darin zu unterstützen, ihre natürliche, kulturelle, soziale und technische Umwelt sachbezogen zu verstehen, sie sich auf dieser Grundlage bildungswirksam zu erschließen und sich darin zu orientieren, mitzuwirken und zu handeln" (GDSU 2013, S. 9).
Damit Lernen erfolgreich ist, bedarf es einer durchdachten und motivierenden Hinführung zum Lerngegenstand, die sowohl sach- als auch kindgemäß ist. Hier wird ein Spannungsverhältnis von Kind und Sache deutlich. Aufgelöst werden kann es, indem Phänomene, Alltagssituationen, entwicklungstypische Fragen und Probleme aus der Lebenswirklichkeit der Kinder aufgegriffen werden. Dabei sollen Sachrichtigkeit und Aktualität mit gleicher Wertigkeit berücksichtigt werden.

Unterrichtseinstiege, hier verstanden als Hinführung zum Lerngegenstand, in Abgrenzung zu Stundeneröffnungen (z. B. Rituale wie Begrüßungen, Ruheübungen, Morgenkreis, gemeinsames Singen, Besprechung des Tagesablaufs), sind wichtiger Bestandteil von Lernprozessen. Sie haben weitreichende Auswirkungen auf den gesamten Unterricht und die damit verbundenen Lernverläufe und -ergebnisse. Einstiege sind eigenständige Phasen (vgl. Greving und Paradies 2011, S. 12), die sowohl pädagogische, didaktische als auch methodische Entscheidungen und Elemente miteinander verknüpfen. Gerade vor dem Hintergrund inklusiven Unterrichtens in heterogenen Lerngruppen sind vielfältige Zugänge für die Sachbegegnung und -erschließung mittels geeigneter Unterrichtseinstiege erforderlich: Als adäquate Repräsentationsformen empfehlen sich einerseits das Anregen der konkreten Vorstellungsbildung durch originale Begegnung und das Lernen an konkreten Materialien, andererseits darf aber auch der Stellenwert abstrakter Strukturmodelle nicht unterschätzt werden (vgl. Einsiedler 2007, S. 397). Nach- und Abbildungen und Erzählungen sind daher ebenso wichtige Veranschaulichungen.

In Abhängigkeit von den Unterrichtszielen haben Unterrichtseinstiege eine Reihe von Merkmalen bzw. Charakteristika, die mit unterschiedlichen Funktionen einhergehen:

- Kinder motivieren, für den Lerngegenstand öffnen,
- Interesse wecken,
- Vorwissen reaktivieren,
- erarbeitete Inhalte explizit wiederholen,
- biografische Erfahrungen/Erlebnisse einbinden,
- Sprechanlässe bieten durch Impulse,
- gemeinsames Lernen initiieren (durch kooperative Formen),
- Problemorientierung berücksichtigen (Entwicklung einer Fragehaltung, Schaffung eines Problembewusstseins, Herausforderungen setzen, um das Problem möglichst eigenständig lösen zu wollen),

- Impulse für den Lernprozess geben, z. B. Sachinformationen zum Lerngegenstand,
- Lernprozesse evaluieren (Diagnosemöglichkeiten für Lerner und Lehrende beispielsweise zum Lernstand, zur Methodenkompetenz) etc.

Die Qualität von Lernen zeichnet sich nicht durch die Quantität von Lehraktivitäten, sondern durch die Qualität von Lernhandlungen aus (vgl. Giest 2010, S. 198). Überträgt man diesen Anspruch auf die Gestaltung von Lernprozessen, sind Unterrichtseinstiege unseres Erachtens dementsprechend didaktisch-methodisch so zu gestalten, dass sie folgenden Prinzipien genügen. Unsere Thesen:

- Es gibt einen hohen Grad an Schüleraktivierung durch Unterrichtseinstiege, die eine sinnstiftende schülerinterne Kommunikation mit hohen Sprechanteilen (Schüler-Schüler-Interaktion) ermöglichen, bei der möglichst alle Kinder gleichzeitig eingebunden sind.
- Der Anspruch an Schüleraktivierung geht einher mit einer Dezentralisierung der Lehrerrolle. Dies lässt sich u. a. realisieren durch (stumme) Impulse, Rede- und Meldeketten, Übernahme von Moderations- und Präsentationsaufgaben von den Kindern.
- Die dafür eingesetzten Methoden und Arbeitsformen sollten entsprechend der Lerngruppe ausgewählt, modifiziert und zusammen mit den Kindern adaptiert werden.
- Eine Vielfalt von Zugängen, Lernwegen und -strategien beugt einer sogenannten Monokultur vor und kann die Lerner unterstützen, langfristig Motivation und Engagement aufrecht zu erhalten.
- Aktivierende Unterrichtseinstiege bedingen häufig einen reflektierten Medieneinsatz, dabei sollten solche Medien genutzt werden, die die Kinder aus ihrem alltäglichen Konsum kennen und einen Anmutungscharakter (attraktiv, mit positiven Erfahrungen verknüpft, ästhetisch) aufweisen. Sinnvoll ist es, dass auch Medien eingesetzt werden, mit denen die Kinder noch keine Erfahrungen haben bzw. solche, die sie bisher vorrangig zu Unterhaltungszwecken nutzen (z. B. Internetseiten, Podcasts, Kindernachrichtenformate, historische Quellen).
- Es bietet sich an, dass die Kinder Ausgangspunkte für Lernprozesse wie z. B. Materialien, Impulse, Thesen, Fragen selbst entwerfen und im Rahmen von Spielen, kooperativen Lernformen und Peer-tutoring einsetzen.

Ein Unterrichtseinstieg lässt sich in der Regel nicht spezifisch einem Inhaltsbereich zuordnen. Durch eine zielgerichtete Gestaltung von Aufgaben und Zugängen können typische Fragestellungen und Arbeitsweisen einer Perspektive realisiert werden.
Beispiel: Enträtseln als Unterrichtseinstieg lässt sich sowohl aus naturwissenschaftlicher als auch aus historischer Perspektive umsetzen. Zum einen lässt sich eine Abbildung eines Wasserkreislaufs, zum anderen eine Bildquelle einer mittelalterlichen Burg verrätseln.

Dieses Buch unterstützt Studierende, Anwärterinnen und Anwärter und Lehrkräfte bei der Aus- und Weiterentwicklung ihres Methodenrepertoires, sowohl bei der Planung von Unterrichtseinstiegen als auch bei deren Umsetzung im Unterricht. Die Seiten sind wie folgt strukturiert:

- Zu jedem Unterrichtseinstieg wird ein Info-Kasten mit einem kurzen Überblick über die Methode angeboten.
- Weniger bekannte Methoden werden mit einer kurzen Sachinformationen fundiert.
- Obligatorisch ist die Beschreibung des möglichen Ablaufs der Methode mithilfe von klar gegliederten Handlungsschritten. Diese werden ergänzt durch Tipps für die Lehrkraft, welche sich in der Unterrichtspraxis als dienlich erwiesen haben. Anschließend werden mögliche Variationen sowie eine Weiterführung der Methode vorgestellt.
- Durch die Beispiele werden exemplarische Themen- und Aufgabenstellungen aufgezeigt, die sich mit ausgewählten Gegenständen des Sachunterrichts beschäftigen, welche eine Praxisrelevanz haben und sich in den gängigen Sachunterrichtscurricula wiederfinden.
- Kopiervorlagen ergänzen das Angebot. Sie sind so konzipiert, dass ein vielfältiger Einsatz im Sachunterricht möglich ist.

Die für Unterrichtseinstiege genutzten Methoden und Arbeitsformen „gelten nicht generell, sondern ziel-, adressaten- und situationsspezifisch“ (Einsiedler 2007, S. 390). Wir empfehlen daher die hier angebotenen Ideen als solche aufzufassen und den individuellen Bedürfnissen der Sache, der Lerngruppe und der Lehrerpersönlichkeit Rechnung zu tragen, indem die vorgeschlagenen Einstiege in den Sachunterricht – im Dialog mit den Lernenden – angepasst, verändert, erweitert und reflektiert werden.

Literatur

- **Einsiedler, Wolfgang** (2007): Methoden und Prinzipien des Sachunterrichts. In: Kahlert, Joachim et al. (Hrsg.): Handbuch Didaktik des Sachunterrichts. Bad Heilbrunn, S. 389–400.
- **Köhnlein, Walter** (1996): Leitende Prinzipien und Curriculum des Sachunterrichts. In: Glumpler, Edith / Wittkowske, Steffen (Hrsg.): Sachunterricht heute. Bad Heilbrunn, S. 46–76.
- **Gesellschaft für Didaktik des Sachunterrichts** (2013) (Hrsg.): Perspektivrahmen Sachunterricht. Vollständig überarbeitete und erweiterte Ausgabe. Bad Heilbrunn.
- **Giest, Hartmut** (2010): Sachunterrichtsplanung als Planung des Lernprozesses der Schülerinnen und Schüler. In: Tänzer, Sandra / Lauterbach, Roland (Hrsg.): Sachunterricht begründet planen. Bedingungen. Entscheidungen. Modelle. Bad Heilbrunn, S. 179–202.
- **Greving, Johannes / Paradies, Liane** (2011): Unterrichts-Einstiege. Berlin.

Webcode: Sie können die Kopiervorlagen und Materialien aus dem Internet als PDF-Datei herunterladen. Sie finden dazu eine Zahlenkombination auf der entsprechenden Buchseite. Geben Sie diese unter www.cornelsen.de/webcodes ein.

Unterrichtseinstiege	Kompetenzen				
	Sachkompetenzen	Wahrnehmen, Beschreiben und Deuten	Kommunizieren	Argumentieren	Problemlösen
Spielerische Einstiege					
Das Faule Ei	☒				☒
Enträtseln	☒	☒			☒
Schläfst du noch oder …	☒				
Ampelspiel	☒		☒		
Erklären mit Hindernissen	☒	☒	☒	☒	☒
Bingo	☒				
Mit 3 bist du dabei	☒				
Frage – Antwort – Tor	☒				
Fantasiereise	☒	☒			
Pantomime, Standbild	☒	☒	☒		
Kommunikative Einstiege					
Automatisches Sprechen	☒		☒		
Meinungslinie	☒	☒	☒	☒	
Kugellager	☒		☒	☒	
Dilemmageschichte	☒	☒	☒	☒	☒
Motorinspektion	☒	☒	☒	☒	
4-Felder-Profil	☒	☒	☒	☒	
Schreibgespräch	☒		☒	☒	
Placemat erstellen	☒		☒	☒	
Audio-visuelle Einstiege					
Stummer Impuls (Abbildung)	☒	☒	☒		
Stummer Impuls (Gegenstand)	☒	☒	☒		
Podcast, Film, Hörmedium	☒	☒			
Vortrag	☒	☒			
Erzählungen	☒	☒			
Demonstrationsversuch	☒	☒		☒	☒
Picture-Show	☒	☒			
Comic, Bildergeschichte	☒	☒			
Karikatur	☒	☒		☒	☒
Assoziative Einstiege					
Fishbone erstellen	☒				
Mindmap erstellen	☒				
Concept-Map erstellen	☒	☒			
Assoziationen	☒				
Assoziationen mit Buchstaben	☒				
Ideensammlung	☒				
sechs – drei – fünf	☒		☒	☒	☒
Kopfstandmethode	☒	☒	☒	☒	☒
Produktive Einstiege					
Fehler finden und korrigieren	☒	☒			☒
Satzanfänge weiterführen	☒	☒			☒
Lückentexte vervollständigen	☒	☒			
Demontieren	☒	☒			☒
Markt der Möglichkeiten	☒	☒			

Das Faule Ei

Klasse	ab 1
Inhaltliche Anbindung	Alle Themen möglich
Vorbereitung/Material	Geeignete Wort- oder Bildreihen vorbereiten
Besonderer Nutzen (inkl. Kompetenzen)	Sachkompetenz fördern, sachrichtige Zuordnung von Begriffen, Zusammenhänge erklären

Möglicher Ablauf

- Den Lernern wird eine Begriffsreihe von vier Wörtern z. B. an der Tafel oder auf einem Arbeitsblatt vorgegeben. Ein Begriff passt nicht in die Sachlogik der Reihung.
- Die Kinder finden das „Faule Ei", d. h. den falsch eingebrachten Begriff und begründen die verbindende Logik.
- Eine Auswertung z. B. im Plenum, in Partnerarbeit oder per Selbstkontrolle sollte obligatorisch sein.

Tipps	▪ Damit nicht nur isoliertes Faktenwissen im Vordergrund steht, empfiehlt es sich, die Schülerinnen und Schüler aufzufordern, die Zusammenhänge zwischen den Begriffen herzustellen und diese zu erläutern. ▪ Der Umfang sollte überschaubar bleiben, daher nicht zu viele Begriffsreihen auf einmal anbieten. ▪ Anstelle von Wörtern können auch Abbildungen/Piktogramme und Gegenstände genutzt werden, um den Zugang zu dieser Methode zu erweitern. ▪ Lerner können selbst Wortreihen zu einer Thematik erstellen und diese den Mitschülerinnen und -schülern als Material zur Verfügung stellen.
Varianten und Weiterführung	▪ Nach dem Finden des „Faulen Eis" kann für die Reihe eine Überschrift / ein Oberbegriff gefunden werden. ▪ Die Reihe kann mit eigenen Beispielwörtern fortgeführt werden. ▪ Es müssen nicht vier Begriffe sein: Die Anzahl lässt sich variieren. Dadurch kann man den Schwierigkeitsgrad ändern. Bei mehr als vier Wörtern können auch mehrere „Faule Eier" versteckt sein.

Beispiele

- Stockente, Waldkauz, Gelbbrandkäfer, ~~Ochsenfrosch~~ (→ heimische Tiere)
- Tischler/in, Buchbinder/in, ~~Kellner/in~~, Klempner/in (→ Handwerksberufe)
- ~~Genf~~, München, Osnabrück, Köln (→ deutsche Städte)
- Caesar, Kleopatra, ~~Asterix~~, Bismarck (→ historische Persönlichkeiten)

Enträtseln

Klasse	ab 1
Inhaltliche Anbindung	Alle Themen möglich
Vorbereitung/Material	Geeignete Materialien auswählen und zerschneiden
Besonderer Nutzen (inkl. Kompetenzen)	Sachkompetenzen: intensive Auseinandersetzung mit der Semantik, Kooperation

Möglicher Ablauf

- Die Lerner erhalten ein Material (z. B. Satz, Frage, Abbildung, Comic, technische Zeichnung, historische Quelle) als Puzzlevariante. Die Teile können mit einem Gummiband zusammengehalten werden oder in einem Umschlag stecken.
- Allein, in Partnerarbeit oder zu dritt enträtseln sie. Jedes Kind darf abwechselnd zwei bis drei Teile legen. Bereits gelegte Teile dürfen verschoben werden. Dabei wird nicht gesprochen.

Tipps	▪ Zur Differenzierung des Schwierigkeitsgrads können die Puzzleteile z. B. hinsichtlich ihrer Größe verändert werden: z. B. Satzglieder am Stück belassen, zentrale Bildelemente auf einem Puzzleteil abbilden. ▪ Mehrere Materialien in einem Umschlag können durch unterschiedlich farbiges Papier markiert werden (z. B. Abbildung weiß, Anschlussfrage blau). Die Farben bestimmen dann die inhaltliche Logik und Reihenfolge der Auseinandersetzung. ▪ Differenzierung: Nicht alle Kinder müssen am gleichen Material arbeiten.
Varianten und Weiterführung	▪ Die Schülerinnen und Schüler stellen selbst Material her bzw. wählen aus und verrätseln es für andere. ▪ Es werden Leerkarten oder zusätzliche Wörter/Bildteile ausgeteilt. ▪ Teile werden herausgenommen oder absichtlich falsche Karten hinzugemischt. ▪ Satzanfänge und Zeichensetzung können ausgespart werden. ▪ Zur Weiterarbeit können kreative Aufgaben gestellt werden (z. B. Geschichten schreiben, zeichnen), Kommentare verfasst werden, Abbildungen beschriftet werden etc.

Beispiel

Die Kinder enträtseln eine Zeichnung des Fahrrads und beschriften die Bestandteile. Danach markieren sie mit zwei unterschiedlichen Farben relevante Teile für die Betriebs- und Verkehrssicherheit.

Schläfst du noch oder denkst du schon?

Klasse	ab 1
Inhaltliche Anbindung	Alle Themen möglich
Vorbereitung/Material	Fragen zusammenstellen, evtl. Vorlage kopieren
Besonderer Nutzen (inkl. Kompetenzen)	Sachkompetenz fördern, Wissen reaktivieren, spielerischer Zugang

Möglicher Ablauf

- Zu verschiedenen Kategorien/Oberbegriffen werden Fragen mit unterschiedlichen Schwierigkeitsgraden vorbereitet.
- Eine Spielwand/-feld zeigt mögliche Kategorien und Punktwerte an (z. B. Tafel, Whiteboard, siehe Kopiervorlage).
- Per Los oder Auswahl durch einen Lerner (oder Partnerteam) wird eine Kategorie und ein Feld angewählt (z. B. Wasserschutz 20).
- Die Frage dazu wird vorgelesen. Es steht nun eine bestimmte Zeit zur Verschriftlichung der Antworten zur Verfügung.
- Anschließend werden diese verglichen. Für vollständig richtige Antworten gibt es die angegebene Punktzahl. Stimmt die Antwort nicht exakt, gibt es keine Punkte.

Tipps	▪ Für eine sinnvolle Auswertbarkeit sollten die Fragen/Aufgaben eindeutig beantwortbar sein, sodass keine Irritationen bei der Punktevergabe entstehen. Vorsicht: der Wettbewerbscharakter sollte nicht wichtiger sein, als die Auseinandersetzung mit der Sachebene. ▪ Bei (vornehmlich) falschen oder noch nicht ganz richtigen Antworten unbedingt eine gemeinsame und transparente Lösungssuche durchführen. ▪ Die Kinder formulieren selbst (z. B. mithilfe der Sachunterrichtsmappe) und spielen eigenständig in Partnerteams oder Kleingruppen. ▪ Während einer Unterrichtseinheit kann das Spiel wiederholt werden, dann auch mit wechselnden Kategorien (z. B. neue, die sich aus dem weiteren Sachunterricht ergeben).
Varianten und Weiterführung	▪ Das Spiel kann nicht nur als Reaktivierung, sondern auch als Sicherung gegen Ende einer Stunde bzw. Sequenz gespielt werden. ▪ Das Spielfeld kann vergrößert oder verkleinert werden, auch die Punktwerte können angepasst werden. ▪ Ähnlich wie bei „Jeopardy“ werden Antworten vorgegeben, die Fragen müssen „geraten“ werden.

Material

Schläfst du noch oder denkst du schon?

	10	20	30	40
	10	20	30	40
	10	20	30	40
	10	20	30	40
	10	20	30	40

Ampelspiel

Klasse	ab 1
Inhaltliche Anbindung	Alle Themen möglich
Vorbereitung/Material	Geeignete Fragen oder Thesen vorbereiten, je eine rote, gelbe und grüne Farbkarte für jedes Kind
Besonderer Nutzen (inkl. Kompetenzen)	Stimmungen artikulieren, Meinungen äußern, Sachwissen festigen und überprüfen

Möglicher Ablauf

- Jedes Kind erhält je eine rote, gelbe und grüne Karte.
- Die Lehrkraft macht eine Aussage (These), wartet kurze Zeit ab und zählt laut bis drei.
- Die Kinder positionieren sich, indem sie bei „drei“ alle gleichzeitig eine der Karten hochhalten (Rot = Ablehnung, Grün = Zustimmung, Gelb = Enthaltung).
- Die Lehrkraft befragt einzelne Kinder, die vor der Lerngruppe ihre Meinung begründen.

Tipp	Die Kinder entwerfen selbst Aussagen, die für das Ampelspiel genutzt werden. Gegebenenfalls können einzelne Kinder die Moderationsrolle übernehmen.
Varianten und Weiterführung	▪ Die Anzahl der Farbkarten lässt sich reduzieren: auf „Gelb“ verzichten, um Positionierung eindeutig einzufordern. ▪ Die Anzahl lässt sich um eine vierte Farbe erweitern, um eine Zuordnungsübung daraus zu machen. ▪ Die Karten können durch Bewegungsformen ersetzt werden (Rot – hinstellen, Gelb = auf dem Stuhl sitzen, Grün = hinhocken)

Beispiele

Stimmungsbild zum Wohlbefinden

- Aussage: Ich habe heute Nacht gut geschlafen.

Meinungsbild zu Ernährungsgewohnheiten

- Aussage: Ich esse jeden Tag Obst.

Sachwissen zum Lebensraum Wald erheben (Rot = falsch, Grün = richtig)

- Aussage: Der Nachwuchs vom Wildschwein heißt Ferkel.
- Sachwissen zu Überwinterungsstrategien von Tieren erheben (Zuordnung mit vier Kategorien: Rot = Winteraktivität, Gelb = Winterruhe, Grün = Winterschlaf, Blau = Winterstarre)
  Beispieltiere: Igel, Fische, Eichhörnchen, Zugvögel

Hinweis

Bei der Überprüfung von Sachwissen sollte sichergestellt werden, dass möglichst jedes Kind die richtige Lösung kennt.

Erklären mit Hindernissen

Klasse	ab 2/3
Inhaltliche Anbindung	Alle Themen möglich
Vorbereitung/Material	Liste mit Begriffen zusammenstellen, die nicht genannt werden dürfen
Besonderer Nutzen (inkl. Kompetenzen)	Sachkompetenz fördern, Wortschatz aktivieren, kommunikative Kompetenzen, spielerischer Zugang

Möglicher Ablauf

- Ein Kind beschreibt und erklärt einen thematisch relevanten Begriff. Dabei dürfen allerdings bestimmte „verbotene“ Wörter nicht benutzt werden: Sowohl der gesuchte Begriff als auch bestimmte Wörter auf einer beliebig langen Liste. Diese Auswahl wird dem Akteur bzw. der Akteurin vorher und währenddessen gezeigt. Zur Erklärung eines oder mehrerer Begriffe steht ein bestimmtes Zeitkontingent zur Verfügung.
- Die anderen erraten den gesuchten Begriff. Dazu müssen Regeln festgelegt werden, wie sich geäußert werden soll (z. B. nach Meldung mitteilen, in Kleingruppen aufschreiben (im Wettbewerbsmodus)).

Tipps	▪ Lerner können selbst „verbotene“ Wörter zu einem Begriff zusammenstellen und diese den Mitschülerinnen und -schülern als Material zur Verfügung stellen. ▪ Während einer Unterrichtseinheit kann das Spiel mehrere Male durchgeführt werden, damit bestimmte Begriffe in den Fokus gerückt und wiederholt werden. ▪ Den Schülerinnen und Schülern kann zur Erleichterung eine gewisse Vorbereitungszeit gegeben werden, damit sie nicht ad hoc beginnen müssen.
Varianten und Weiterführung	▪ Es kann mit Wettbewerbscharakter gespielt werden. ▪ Anschließend kann auf Grundlage der Erfahrungen die verbotene Wortreihe „verschärft“ oder vereinfacht werden, um den Schwierigkeitsgrad zu verändern bzw. anzupassen, indem weitere Wörter ergänzt oder ausgetauscht werden.

Beispiele

- Zu erratender Begriff: Frühling
  Verbotene Wörter: Jahreszeit, Winter, Sommer, Herbst, Blumen blühen
- Zu erratender Begriff: Wattenmeer
  Verbotene Wörter: Nordsee, Ebbe, Flut, Küste, Muscheln, Wasser (erschwert/ergänzt um Dünen, Deich, Strand, Führung)

Bingo

Klasse	ab 2
Inhaltliche Anbindung	Alle Themen möglich
Vorbereitung/Material	Fragen zusammenstellen, Vorlage kopieren
Besonderer Nutzen (inkl. Kompetenzen)	Sachkompetenz fördern, Wissen reaktivieren, spielerischer Zugang

Möglicher Ablauf

- Jedes Kind benötigt ein Spielfeld mit 16 Feldern (siehe Kopiervorlage) und einen Stift.
- In jedes Feld tragen die Schülerinnen und Schüler in einer beliebigen Anordnung vorgegebene Begriffe/Antworten ein.
- Die Lehrkraft gibt zentral eine Frage vor.
- Die Kinder markieren einen Begriff. Dann wird wieder eine Frage gestellt.
- Ziel ist es, ein Bingo zu erzielen, indem vier richtige Begriffe in einer Reihe abgehakt werden können. Dabei gelten sowohl horizontale als auch vertikale und diagonale Einträge.

Tipps	▪ Während einer Unterrichtseinheit kann das Spiel wiederholt werden. ▪ Die Kinder formulieren selbst Fragen und Antwortmöglichkeiten (z. B. mithilfe der Sachunterrichtsmappe) und spielen eigenständig. ▪ Zu einer Auswahl von Begriffen passt oftmals nicht nur eine Frage. Daher kann auch mit unterschiedlich farbigen Markierungen mehrmals Bingo in ein Feld gespielt werden. Diese alternativen Fragen können Kinder selbst versuchen zu finden.
Varianten und Weiterführung	▪ Das Spiel kann nicht nur als Reaktivierung, sondern auch als Sicherung gegen Ende einer Stunde bzw. Sequenz gespielt werden. ▪ Das Spielfeld kann auf 25 Felder vergrößert werden. ▪ Kennen Kinder mehre Spiel- bzw. Übungsvarianten, können sie sich selbst eine aussuchen und eigenständig spielen (siehe dazu auch Frage – Antwort – Tor, Mit 3 bist du dabei, Erklären mit Hindernissen, Fehler finden und korrigieren)

Beispiel

Antwortbegriffe zum Eintragen in das Bingo-Feld:

- Ems, Inn, Rhein, Mosel, Weser, Jade, Isar, Main, Oder, Spree, Salzach, Regen, Vechte, Elbe, Neckar, Havel

Mögliche Fragen:

- Welcher Fluss liegt in Bayern?
- Welcher Fluss liegt in Niedersachsen?

Material

Welches Tier hält Winterschlaf?

Fisch	Eichhörnchen	Igel ⊠	Eisbär
Ameise	Eidechse	Murmeltier ⊠	Haselmaus ⊠
Feldhamster ⊠	Wildgans	Siebenschläfer ⊠	Küstenseeschwalbe
Frosch	Kaninchen	Fledermaus ⊠	Amsel

Mit 3 bist du dabei

Klasse	ab 2
Inhaltliche Anbindung	Alle Themen möglich
Vorbereitung/Material	Fragen zusammenstellen, Vorlage kopieren
Besonderer Nutzen (inkl. Kompetenzen)	Sachkompetenz fördern, Wissen reaktivieren, spielerischer Zugang

Möglicher Ablauf

- Ein Partnerteam benötigt ein Spielfeld mit neun Feldern (siehe Kopiervorlage) und jedes Kind zusätzlich einen separaten Zettel und einen Stift.
- Jede Spielerin bzw. jeder Spieler entscheidet sich für ein Symbol (z. B. Kreis oder Kreuz).
- Die Lehrkraft gibt zentral Fragen vor. Beide Kinder beantworten diese durch kurze Antwortnotizen auf dem Extra-Zettel. Hier sind evtl. auch Zeichnungen möglich. Vorher muss festgelegt werden, wie viel Zeit pro Frage zur Verfügung steht (z. B. 30 Sekunden).
- Anschließend wird mit dem Partner getauscht, der auf Sachrichtigkeit überprüft. Stimmt eine Antwort, darf das Kind sein Symbol in das Spielfeld setzen. Stimmen beide Antworten, muss ausgelost werden, wer beginnen darf (aus taktischen Gründen für das Spiel wichtig).
- Ziel ist es, drei gleiche Symbole in eine Reihe einsetzen zu können. Dabei gelten sowohl horizontale, vertikale als auch diagonale Einträge.

Tipps	▪ Das Spielfeld kann für die Klasse entsprechend kopiert und laminiert werden, um es immer griffbereit zu haben und dauerhaft nutzbar zu machen. ▪ Während einer Unterrichtseinheit kann das Spiel wiederholt werden. ▪ Die Kinder formulieren selbst Fragen (z. B. mithilfe der Mappe) und spielen eigenständig.
Varianten und Weiterführung	▪ Das Verschriftlichen kann durch Verbalisieren (z. B. benennen, erklären) abgewandelt werden. Dann kann allerdings nur eine Partnerin bzw. ein Partner antworten. ▪ Das Spiel kann nicht nur als Reaktivierung, sondern auch als Sicherung gegen Ende einer Stunde bzw. Sequenz gespielt werden. ▪ Das Spielfeld kann auf 16 oder 25 Felder vergrößert werden.

Beispiele

(siehe auch Frage – Antwort – Tor)

- Frage (Einzelfakt): Wo entsorgt man Batterien?
- Aufgabe: Nenne vier „Sachen“, die ein Eichhörnchen frisst.

Material

Mit 3 bist du dabei

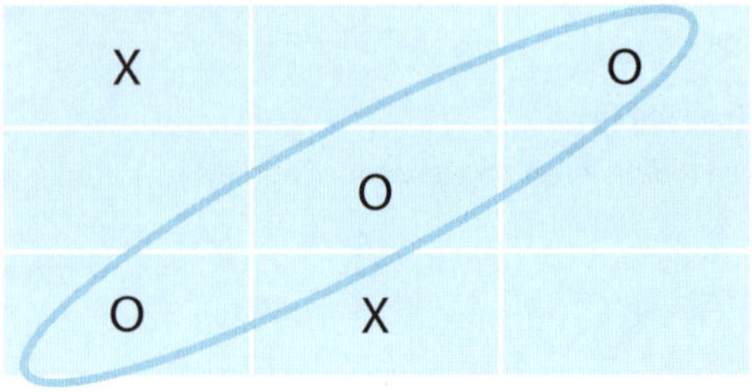

Frage – Antwort – Tor

Klasse	ab 2
Inhaltliche Anbindung	Alle Themen möglich
Vorbereitung/Material	Fragen zusammenstellen, Vorlage kopieren
Besonderer Nutzen (inkl. Kompetenzen)	Sachkompetenz fördern, Wissen reaktivieren, spielerischer Zugang

Möglicher Ablauf

- Ein Partnerteam benötigt ein Spielfeld (siehe nächste Seite) und ein kleines Plättchen oder eine Münze als Ball.
- Die Lehrkraft gibt zentral Fragen vor. Es wird ausgelost, wer beginnt. Dennoch beantworten beide Kinder jede Frage durch kurze Antwortnotizen auf einem Extra-Zettel. Hier sind evtl. auch Zeichnungen möglich.
- Anschließend wird mit dem Partner getauscht, der auf Sachrichtigkeit überprüft. Stimmt die Antwort, darf der Ball eine Position in Richtung des gegnerischen Tores gelegt werden. Ist die Antwort nicht richtig, kann der Spieler mit einer richtigen Antwort den Punkt „abstauben".
- Durch abwechselnde Antworten der beiden Spielerinnen bzw. Spieler kann ein Angriff abgewehrt werden. Nach zwei richtigen Antworten ohne „Gegenwehr" fällt ein Tor.

Tipps	▪ Das Spielfeld kann für die Klasse entsprechend kopiert und laminiert werden, um es immer griffbereit zu haben und dauerhaft nutzbar zu machen. ▪ Während einer Unterrichtseinheit kann das Spiel wiederholt werden. ▪ Die Kinder formulieren selbst Fragen (z. B. mithilfe der Mappe) und spielen eigenständig.
Varianten und Weiterführung	▪ Das Verschriftlichen kann durch Verbalisieren (z. B. benennen, erklären) abgewandelt werden. Dann kann allerdings nur eine Partnerin bzw. ein Partner antworten. ▪ Das Spiel kann nicht nur als Reaktivierung, sondern auch als Sicherung gegen Ende einer Stunde bzw. Sequenz gespielt werden.

Beispiele

- Frage (Einzelfakt): Welcher ist der höchste Berg in Sachsen?
- Frage (Zusammenhang): Was passiert in der biologischen Reinigungsstufe in der Kläranlage?
- Frage (Verfahren): Welche Schritte umfasst das Experimentieren?
- Aufgabe (Metakognition): Nenne drei Lernwege, um Informationen über Energiesparen zu erhalten.

Material

Frage – Antwort – Tor

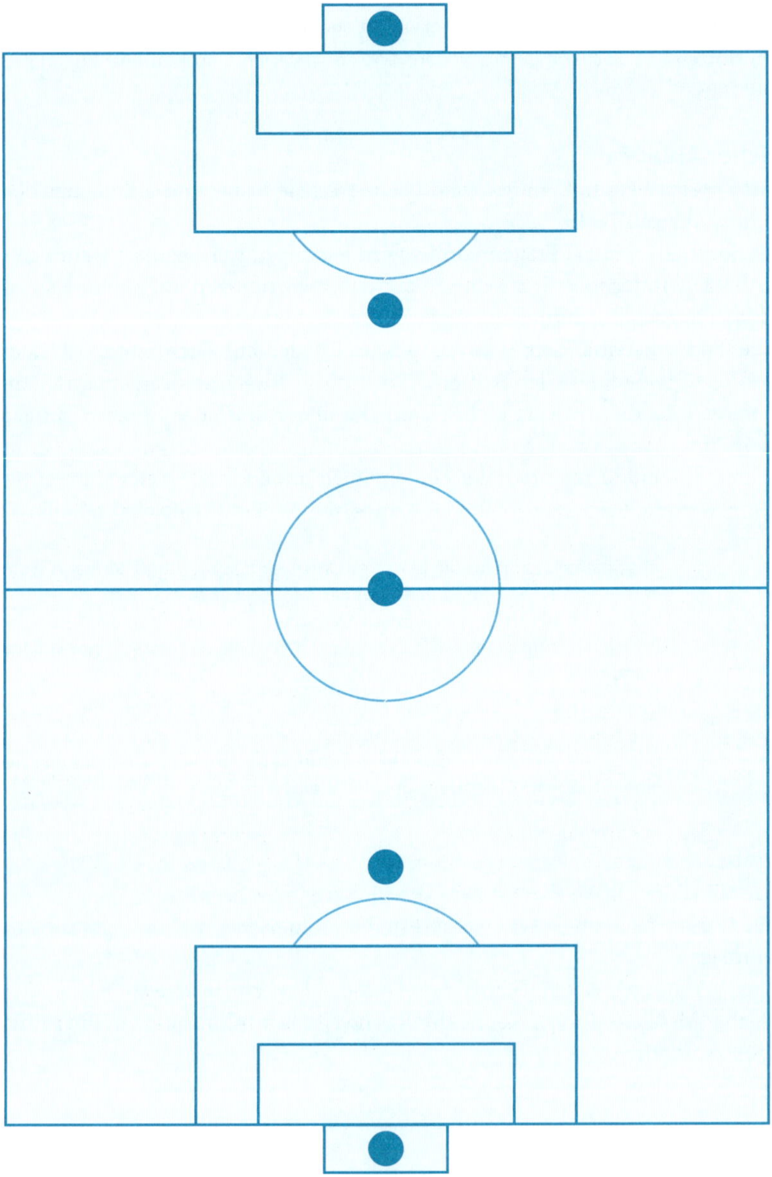

Fantasiereise

Klasse	ab 2
Inhaltliche Anbindung	Alle Themen möglich
Vorbereitung/Material	Geeignete Geschichte aussuchen oder ausdenken
Besonderer Nutzen (inkl. Kompetenzen)	Ruhe schaffen, Entspannung, Konzentration fördern, Perspektivenwechsel, Sprechanlass

Möglicher Ablauf

- Die Kinder werden auf die Fantasiereise vorbereitet: Sie sollen sich bequem hinsetzen oder legen und sie können die Augen schließen. Die Lehrkraft sagt an, dass die Kinder ihre Körperteile (z. B. die Hände liegen locker auf den Oberschenkeln oder die Füße stehen nebeneinander auf dem Boden) spüren, und dass sie mehrmals ruhig ein- und ausatmen sollen.
- Die Reise beginnt: Die Kinder stellen sich vor, sie sind eine andere Person, ein Tier, eine Wolke o. Ä. Sie bewegen sich entsprechend fort und erleben dabei einiges: sie sehen andere Menschen, Tiere, Pflanzen, Gebäude etc. und/oder hören Geräusche und/oder spüren Wärme, Luft, Wasser u. ä. und/oder schmecken etwas Schönes/Angenehmes … Am Ende kommen sie an einem schönen Ort an. Sie sind müde und möchten sich ausruhen, sie legen sich hin / schlafen ein oder betrachten die Umgebung in Ruhe.
- Die Reise endet: Sie werden zurückgeführt, indem sie sich von dem letzten Ort verabschieden, langsam zurück in den Klassenraum kommen, die vorher genannten Körperteile spüren, tief ein- und ausatmen, ihre Finger, Hände, Füße bewegen, sich recken, strecken (und die Augen wieder öffnen).

Tipps	▪ Die Fantasiereise mit ruhiger, gleichmäßiger Stimme vorlesen. ▪ Pausen einbauen, um den Kindern Zeit zu geben, sich die Dinge vorzustellen. ▪ Im Hintergrund kann leise Entspannungsmusik laufen.
Variante und Weiterführung	▪ Die Fantasiereise kann auch in Partnerarbeit durchgeführt werden: Ein Kind liegt auf dem Bauch oder sitzt bequem verkehrt herum auf einem Stuhl. Es begibt sich auf die Reise, das andere Kind führt Massagebewegungen aus, die von der Lehrkraft angezeigt werden. Beispiel: „Es ist Abend. Der große, runde Vollmond leuchtet ganz hell." → große Kreise auf dem Rücken machen

Beispiele

Als Tier unterwegs (Igel, Vogel, Schnecke, Maulwurf …); als Person auf einem Segelboot, in einem Ballon, in einer Taucherglocke unter Wasser, nachts im Zoo; als Ritter auf einer Burg, als Astronaut im Weltraum …

Pantomime, Standbild

Klasse	ab 3
Inhaltliche Anbindung	Alle Themen möglich
Vorbereitung/Material	Besonders geeignet sind soziale Phänomene, Verhaltensweisen und Probleme
Besonderer Nutzen (inkl. Kompetenzen)	Alternative, ergänzende Darstellungsform zu verbalen Äußerungen und schriftlichen Produkten

Möglicher Ablauf

- Eine neue Thematik kann durch eine Pantomime oder durch ein Standbild erarbeitet oder ein in einer vorherigen Stunde erarbeitetes Problem kann arrangiert werden.
- Dazu erhalten die Schülerinnen und Schüler (möglichst in Kleingruppen) Zeit zur Vorbereitung. Sie können gegebenenfalls Requisiten nutzen. In beiden Varianten darf aber nicht gesprochen werden.
- Die „Nicht-Akteure“ interpretieren das Gesehene.
- Hinterher erklären die Darsteller ihre Absicht und sprechen über mögliche Schwierigkeiten.

Tipps	■ Ein Schritt zur Vorentlastung kann durch Musik-Stopp-Spiele vorgenommen werden. Die Kinder frieren aus einer Bewegung ein und halten diese. ■ Es sollte darauf geachtet werden, dass alle die Präsentation gut sehen können. ■ Das Engagement und die Leistung der Kinder sollten gewürdigt werden. ■ Begleitaufgaben können vorab gegeben werden, damit eine selektive Aufmerksamkeit auf die Präsentation gelenkt wird (z. B. Fokus auf einzelne Akteure im Gesamtbild, Einhaltung der Regeln für die Gestaltung).
Varianten und Weiterführung	■ Ein Standbild kann mit einem Regisseur oder ohne gebaut werden. Die Gruppenmitglieder können sich auch absprechen und einigen. ■ Das Bild bzw. die Pantomime kann ohne Ankündigung der Gruppe präsentiert werden, die dann den Inhalt (z. B. das Problem, die Situation) errät. Die Lerngruppe unterbreitet Titelvorschläge. ■ Bei geübten Gruppen können improvisiert Standbilder entstehen (z. B. auf Zuruf). ■ Unterschiedliche Ergebnisse zur gleichen Themen- und Aufgabenstellung sollten miteinander verglichen werden.

Beispiel

Eine Gruppe von Kindern grenzt eine andere beim Spielen aus.

Automatisches Sprechen

Klasse	ab 1
Inhaltliche Anbindung	Alle Themen möglich
Vorbereitung/Material	Geeignete Impulse, Fragen auswählen
Besonderer Nutzen (inkl. Kompetenzen)	Sachkompetenzen, kommunikative Kompetenzen, Assoziationen verbalisieren

Möglicher Ablauf

- Ein Impuls wird von der Lehrperson oder einem Kind gegeben. Das können Oberbegriffe, Thesen oder Fragen sein.
- Nach einer kurzen Wartezeit (ca. 5 bis 10 Sekunden) äußern die Lerner ihre Assoziationen anhand von kurzen Statements (z. B. ein Wort, Halbsätze) schnell nacheinander. So soll ein Bewusstseinsstrom („Flow“) entstehen. Wiederholungen sind ausdrücklich erlaubt.
- Kann keine Äußerung getätigt werden, dann wird einfach die zuvor genannte Aussage wiederholt, damit der Flow nicht unterbrochen wird.
- Werden nach einer gewissen Zeit wenige oder keine neuen Ideen geäußert, wird die Runde beendet. Ein neuer Impuls kann eingebracht werden.

Tipps	▪ Die Impulse müssen viele Assoziationen ermöglichen. ▪ Die Gruppen sollten eher klein sein, damit keine Leerlauf- und Wartezeiten entstehen. Die Lernintervalle sind effektiver, die Sprachanteile höher, wenn mehrere Kleingruppen gleichzeitig aktiviert sind. ▪ Eine Proberunde kann Unsicherheiten abbauen, da das Wiederholen einer vorherigen Antwort zu Beginn ungeübt sein kann. ▪ Ein „Spielleiter“ kann installiert werden, um den Ablauf innerhalb einer Gruppe positiv zu lenken.
Variante und Weiterführung	▪ Um die Lernzeit intensiv zu nutzen und mit unterschiedlichen Lerntempi umzugehen, kann ein Katalog von mehreren Impulsen visualisiert werden. Die Gruppen entscheiden dann (Spielleiter), wann zum nächsten Impuls weitergegangen wird.

Beispiele

- Impuls durch Oberbegriff, z. B. menschliche Organe.
  Mögliche Antworten: Herz, Haut, Leber, Nieren
- Impuls durch Frage, z. B.: Welche Freizeitangebote gibt es bei uns im Ort?
  Mögliche Antworten: Spielplatz, Ruderclub, Skatepark, Bücherei
- Impuls durch These, z. B.: Schule ist doof.
  Mögliche Antworten: Ja, dauert zu lang. Ja, zu viel Hausaufgaben. Nein, da trifft man viele andere. Nein, der Sachunterricht macht Spaß.

Meinungslinie

Klasse	ab 1/2
Inhaltliche Anbindung	Alle Themen möglich
Vorbereitung/Material	Geeignete (Streit-)Frage bzw. Statement auswählen, evtl. Klebestreifen anbringen, Seil(e) auslegen
Besonderer Nutzen (inkl. Kompetenzen)	Meinungsbild einer Lerngruppe visualisieren, Gesprächsanlässe eröffnen, Selbsteinschätzung

Möglicher Ablauf

- Eine Aussage wird in den Raum gestellt. Jeder Lerner erhält kurze Bedenkzeit und soll sich dann je nach eigenem Standpunkt räumlich entlang der Meinungslinie positionieren. Die Enden stehen dabei für Zustimmung und Ablehnung.
- Ausgewählte Schülerinnen und Schüler sollen nun ihre Einschätzung vor der Gruppe verbalisieren und *begründen,* daraus ergibt sich zunehmend ein Gesamtbild der Gruppe.
- Nach ersten Auswertungsgesprächen mit der Klasse erhalten die Kinder erneut die Gelegenheit, sich zu positionieren. Mitunter hat sich dann die Meinung geändert.

Tipps	▪ Die Redebeträge sollten mit Blick auf unterschiedliche Positionen ausgewählt werden, um die Varianz der Gruppe abzubilden. ▪ Es muss mit sozial erwünschten Antworten gerechnet werden. (Man orientiert sich an den anderen und traut sich nicht, die eigene Meinung offen zu vertreten.) Diesen Aspekt offen ansprechen und eine lernförderliche Atmosphäre schaffen. Wiederholungen mindern das Problem.
Varianten und Weiterführung	▪ Zur Weiterführung kann gefragt werden, was „passieren" müsste, um die Position auf der Linie zu verändern. Anschließend können Strategien besprochen werden. ▪ Bei besonders stark ausprägten Meinungsunterschieden kann aus der Meinungslinie eine Streitlinie werden.

Beispiel

(siehe auch Motorinspektion)

- Aussage: Kinder sollten ihre persönlichen Gegenstände (z. B. Sammelkarten, Kuscheltier) in die Schule mitbringen dürfen.
- Aussage: Ich finde es gut, dass in der Frühstückspause nicht im Klassenraum herumgelaufen wird.
- Streitfrage: Sollten alle reichen Menschen viel Geld abgeben?

Kugellager

Klasse	ab 2
Inhaltliche Anbindung	Alle Themen möglich
Vorbereitung/Material	Geeignete Impulse auswählen
Besonderer Nutzen (inkl. Kompetenzen)	Sachkompetenzen, kommunikative Kompetenzen, zufällige Partnerkonstellationen, alle sind aktiviert

Möglicher Ablauf

› Eine Hälfte der Lerngruppe bildet einen Innenkreis, die andere einen Außenkreis. Jedes Kind hat eine Partnerin bzw. einen Partner vor sich. Beide schauen sich an. Die Lehrkraft macht die Gesprächsregeln transparent bzw. lässt diese von den Kindern wiederholen (siehe Varianten). Der Impuls wird genannt. Die Schülerinnen und Schüler tauschen sich dazu aus. Nach einem akustischen Signal wird die Gesprächszeit beendet. Die Lehrkraft gibt für den Außenkreis die Anzahl der Positionen und die Richtung an, um eine neue Gesprächskonstellation zu bilden (z. B. nach links und vier Positionen weiter). Der Innenkreis bleibt stehen. Es sind mehrere Runden möglich.

Tipps	▪ Bei einer ungeraden Anzahl kann ein Kind die Rolle der Lehrkraft übernehmen. ▪ Um in einer angemessenen Lautstärke zu sprechen, können die Kinder sich in Murmelgesprächen austauschen. ▪ Gibt es für die Kinder innerhalb des Innen- und Außenkreises eine klare Aufgabenverteilung (Fragen stellen, Antworten geben), dann sollten im Verlauf des Kugellagers die Kinder die Rolle wechseln und auch im anderen Kreis agieren. ▪ Ist keine quadratische/rechteckige Fläche vorhanden, können sich die Kinder auch in einer Art Spalier aufstellen.
Varianten und Weiterführung	▪ Alle Aufgabenformate mit dialogischem Prinzip eignen sich. Variation der Lernhandlungen: 1) sich einigen, 2) Anfänge weiterführen, 3) Fehler korrigieren, 4) sich gegenseitig abfragen, 5) zusammenfassen und mit eigener Erklärung wiedergeben 6) sich gegenseitig erläutern, wie Aufgaben gelöst wurden (Lernwege). ▪ Bei Sachfragen kann ein Wettbewerbscharakter eingebaut werden: Für jede richtige Antwort gibt es einen Punkt. Dann müssen aber alle die gleiche Anzahl von Fragen beantworten können. ▪ Kann auch zur Sprechmühle modifiziert werden.

Beispiele

- Finde den Fehler! Flatrate ist der Name für einen Computervirus.
- Ergänze! Katzen sind gute Mäusefänger, weil …
- Erzähle von deinem Wochenende.
- Wie wichtig sind Kinderrechte für dich?

Dilemmageschichte

Klasse	ab 2
Inhaltliche Anbindung	Soziales Lernen, Philosophieren mit Kindern: Entscheidungen treffen, Werte und Normen
Vorbereitung/Material	Geeignete Geschichte auswählen
Besonderer Nutzen (inkl. Kompetenzen)	Sprechanlass, Probleme identifizieren, Lösungen antizipieren, Argumentieren, Diskutieren

Sachinformation

Dilemmageschichten beschreiben Situationen, in denen sich die Hauptfigur zwischen zwei Handlungen entscheiden muss, die beide nachteilig für sich selbst und/oder andere sind. Dabei stehen alltägliche Konflikte, Versprechen etc. aus der Lebenswelt der Grundschulkinder im Vordergrund.

Möglicher Ablauf

- Die Lehrkraft liest die Dilemmageschichte vor und lässt die Kinder erste Ideen dazu äußern.
- In einem Unterrichtsgespräch wird die Handlung kurz nacherzählt, das (moralische) Dilemma konkret benannt und erste mögliche Lösungen argumentativ antizipiert.

Tipps	▪ Die Lehrkraft kann längere Geschichten zweimal vorlesen. ▪ Authentischer wirkt die Erzählung, wenn die Lehrkraft diese frei erzählt. Dabei kann sie die Reaktionen der Kinder besser beobachten.
Variante und Weiterführung	▪ Die antizipierten Lösungen können gedanklich von den Kindern „durchgespielt" oder im Rollenspiel simuliert werden: Was wäre, wenn die Person sich so oder so verhalten würde (Gedankenexperiment)? ▪ Die Kinder treffen am Fallbeispiel eine Entscheidung und begründen diese. ▪ Ein Lerntransfer kann ermöglicht werden, indem die Kinder Kriterien zusammentragen, welche Entscheidung mit weniger Problemen, Gefahren etc. verbunden ist.

Beispiel

Mareike findet im Schulflur fünf Euro. Sie nimmt das Geld unbeobachtet und freut sich darüber, weil sie davon ein Geburtstagsgeschenk für ihre Freundin kaufen kann. In der nächsten Stunde fragt die Klassenlehrerin alle Kinder der Klasse, ob jemand fünf Euro gefunden hat. Tom aus der Parallelklasse hat das Geld verloren.

Motorinspektion

Klasse	ab 2
Inhaltliche Anbindung	Alle Themen möglich
Vorbereitung/Material	Geeignete Frage auswählen, Stuhl oder Gegenstand
Besonderer Nutzen (inkl. Kompetenzen)	Meinungsbild einer Lerngruppe visualisieren, Gesprächsanlässe eröffnen, Selbsteinschätzung

Möglicher Ablauf

- Ein Stuhl (oder ein Gegenstand, eine Abbildung passend zur Thematik) wird zentral aufgestellt, darum wird etwas Platz benötigt.
- Eine Frage, These, Meinung wird als Impuls der Gruppe mitgeteilt. Jeder Lerner erhält kurze Bedenkzeit und soll sich dann je nach eigenem Standpunkt räumlich positionieren. Dabei gilt: je höher die Zustimmung / größer das Wissen, je näher der eigene Standort zum Stuhl; je weiter entfernt, desto weniger Zustimmung/Wissen soll ausgedrückt werden. Dieser Schritt soll möglichst ohne Sprechen oder Austausch stattfinden.
- Einige Lerner sollen nun ihre Einschätzung vor der Gruppe verbalisieren und begründen, daraus ergibt sich zunehmend ein Gesamtbild der Gruppe.

Tipps	▪ Die Redebeträge sollten mit Blick auf unterschiedliche Positionen ausgewählt werden, um die Varianz der Gruppe abzubilden. ▪ Mitunter muss mit sozial erwünschten Antworten gerechnet werden, d. h. man orientiert sich an den anderen und traut sich nicht, die eigene Meinung offen zu vertreten. Diesen Aspekt offen ansprechen und eine lernförderliche Atmosphäre schaffen. Wiederholungen mindern das Problem. ▪ Es handelt sich um eine Selbsteinschätzung, daher kann kein Anspruch auf Objektivität/Richtigkeit abgeleitet werden.
Varianten und Weiterführung	▪ Lerner, die ähnlicher Meinung sind, können sich in Kleingruppengesprächen austauschen. ▪ Zur Weiterführung kann gefragt werden, was „passieren" müsste, um einen Schritt auf den Stuhl zuzumachen bzw. abzurücken. Anschließend können Strategien besprochen werden.

Beispiele

- Frage zur Selbsteinschätzung des eigenen Wissens: Wie viel weißt du über Frühblüher? (Anschließend sollen die Lerner ihr Wissen äußern.)
- These zur Erfassung der Meinung (Zustimmung/Ablehnung): Feuerwehrfrauen und -männer leisten eine wichtige Arbeit.
- Frage zu Interesse: Wie sehr interessiert dich die Arbeit von Politikern?

4-Felder-Profil

Klasse	ab 2
Inhaltliche Anbindung	Alle Themen möglich
Vorbereitung/Material	Siehe Kopiervorlage
Besonderer Nutzen (inkl. Kompetenzen)	Vorwissen aktivieren, Assoziationen visualisieren, Gesprächsanlässe eröffnen

Möglicher Ablauf

- Ausgangspunkt für ein 4-Felder-Profil ist ein (situativ) interessanter Sachverhalt, ein Problem, ein Lerngegenstand (z. B. Taschengeld). Dieser Themenbereich wird nun durch vier Gesprächs- bzw. Denkanlässe untergliedert (z. B. Satzanfänge). Diese Impulse werden von der Lehrkraft und/oder den Kindern formuliert.
- Jedes Kind erhält die Blanko-Vorlage (mindestens im DIN-A4-Format), trägt in die Mitte den Namen ein und schreibt in jedes der vier Felder die zuvor festgelegten Impulse. Passend dazu werden nun die Ideen/Antworten in die entsprechenden Felder notiert. Dafür muss ausreichend Zeit zur Verfügung stehen.
- Die Kinder laufen mit ihrem Profil durch die Klasse, dabei wird die Unterlage so hochgehalten, dass diese gut sichtbar ist.
- Es finden sich (stehend) Partner- oder Kleingruppen zusammen, die nun über die Impulse und die individuell eingetragenen Ideen sprechen.

Tipps	- Die Lehrkraft kann die Vorlage im Vorfeld so vorbereiten, dass die vier Impulse bereits eingetragen sind. - Neben Begriffen und kleinen Sätzen können auch Zeichnungen ermöglicht werden. - Mittels dieses Einstiegs können sowohl neue Themen eingeführt, als auch neu zusammengesetzte Lerngruppen bekannt gemacht werden.
Varianten und Weiterführung	- Je nach Dauer und Erfahrung mit diesem Einstieg können unterschiedlich viele Durchgänge realisiert werden (z. B. 1 bis 4). - Im Plenum oder mithilfe von einem Schneeballverfahren in Kleingruppen werden die Gesprächsinhalte ausgewertet.

Beispiel

Ausgangspunkt: Hausaufgaben

1. Feld: Das mag ich an Hausaufgaben …; 2. Feld: Das stört mich an Hausaufgaben …; 3. Feld: Hausaufgaben sind sinnvoll, weil …; 4. Feld: Diese Vorschläge für Hausaufgaben habe ich …

Material

4-Felder-Profil

Name

Schreibgespräch

Klasse	ab 3
Inhaltliche Anbindung	Alle Themen möglich
Vorbereitung/Material	Begriff/These/Frage auf einen Zettel schreiben, Schreibmaterial für die Lerner
Besonderer Nutzen (inkl. Kompetenzen)	Assoziieren, Formulieren, Kommentieren, Förderung der Aufmerksamkeit und Konzentration

Möglicher Ablauf

- Zwei Lerner sitzen nebeneinander, vor ihnen liegt ein Zettel, auf dem ein Begriff, eine These oder eine Frage steht.
- Sie schreiben abwechselnd auf, was ihnen dazu einfällt. Dabei nehmen sie aufeinander Bezug und erstellen einen gemeinsamen Text oder auch nur eine Sammlung von Stichwörtern. Währenddessen wird nicht gesprochen.

Tipps	▪ Während des Schreibgesprächs herrscht absolute Ruhe. Leise, kaum hörbare Musik kann die beruhigende Wirkung unterstreichen und sorgt für eine angenehme Atmosphäre. ▪ Manchmal dauert es lange, bis das erste Wort, der erste Satz auf dem Papier notiert ist. Daher sollte ausreichend Zeit bzw. ein Puffer für die Methode eingeplant werden.
Varianten und Weiterführung	▪ Das Ergebnis des Schreibgesprächs kann im Plenum ausgewertet werden. Die Schülerinnen und Schüler können eigenverantwortlich sammeln und sichern, was für den weiteren Unterrichtsverlauf von Bedeutung sein könnte. ▪ Geübte Schülerinnen und Schüler können Schreibgespräche auch in Gruppenarbeit anfertigen (→ siehe dazu auch Placemat erstellen).

Beispiele

- Tiere des Waldes, Freizeitmöglichkeiten in unserem Ort, Bundesländer und ihre Hauptstädte → Kinder schreiben abwechselnd alles auf, was ihnen dazu einfällt (siehe auch Mindmap erstellen)
- Was gehört zu einer gesunden Ernährung?
- Was müsst ihr als Fahrradfahrer im Straßenverkehr beachten?
- Wie könnt ihr euch im Bus / in der Straßen- oder U-Bahn älteren Menschen gegenüber rücksichtsvoll verhalten?
- Siehe auch Beispiele bei Placemat erstellen.

Placemat erstellen

Klasse	ab 3
Inhaltliche Anbindung	Alle Themen möglich
Vorbereitung/Material	Siehe Kopiervorlage
Besonderer Nutzen (inkl. Kompetenzen)	Vorwissen aktivieren, Assoziationen visualisieren, Diskutieren, Argumentieren

Möglicher Ablauf

› Ausgangspunkt für das Erstellen einer Placemat ist eine Frage, eine These oder eine Aufgabe. Die Kinder (4 oder 6 Personen) sitzen an einem Tisch, in der Mitte liegt die Placemat. Jedes Kind sitzt vor einem äußeren Feld, in das es seine Ideen, Assoziationen, Antworten oder Fragen schreibt. Während des Schreibens wird nicht gesprochen.

› Wenn alle fertig geschrieben haben, wird die Placemat um eine Position im Uhrzeigersinn weiter gedreht, sodass jeder lesen kann, was der Sitznachbar geschrieben hat. Jedes Kind kann diesen Eintrag nun schriftlich kommentieren oder ergänzen. Anschließend wird die Placemat wieder um eine Position gedreht und die Kinder setzen sich mit dem nächsten Feld auseinander.

› Wenn die Placemat am Ende wieder beim ersten Schreiber angekommen ist, diskutieren und entscheiden alle Gruppenmitglieder gemeinsam, welche Aspekte sie in das mittlere Feld eintragen.

› Im Plenum werden die Arbeitsergebnisse der Gruppen präsentiert und zusammengeführt.

Tipps	▪ Die Placemats sollten ausreichend groß vorbereitet werden (DIN A3), sodass jeder genügend Platz zum Schreiben hat. ▪ Damit es keine langen Wartezeiten gibt, bis alle mit Schreiben fertig sind, sollten die Gruppen nach dem Schreibtempo zusammengesetzt werden.
Variante und Weiterführung	▪ Die Rotation der Placemat wird nicht zum schriftlichen Kommentieren und Ergänzen genutzt, sondern nur zum Lesen der anderen Ideen.

Beispiele

- Was möchtet ihr über Vulkane wissen?
- Was wisst ihr über das Weltall?
- Sammelt Argumente für einen Spielplatzbau.
- Entwickelt einen Werbeslogan für den neuen Sportschuh „Run 3000".
- Jedes Kind braucht ein eigenes Smartphone.

Material

Placemat erstellen (4 Personen)

Material

Placemat erstellen (6 Personen)

Stummer Impuls (Abbildung)

Klasse	ab 1
Inhaltliche Anbindung	Alle Themen möglich
Vorbereitung/Material	Abbildung: Foto, Zeichnung, Karte(nausschnitt) o. Ä.
Besonderer Nutzen (inkl. Kompetenzen)	Vorwissen aktivieren, Assoziieren, Betrachten, Beschreiben, Problematisieren, Fragen formulieren

Möglicher Ablauf

- Die Kinder sitzen so, dass sie alle problemlos die Abbildung sehen können.
- Sie betrachten die Abbildung und äußern sich dazu: Sie beschreiben, was sie sehen, benennen den Lerngegenstand, arbeiten die Problemstellung heraus, formulieren Fragen an den Lerngegenstand.
- Die Kinder rufen sich gegenseitig auf (Meldekette).
- Die Lehrkraft äußert sich während dieser Phase nicht und kommentiert nichts. Gegebenenfalls kann sie einen neuen Impuls durch das Deuten auf einen bestimmten Bildausschnitt setzen.

Tipps	▪ Die Abbildung sollte den Lerngegenstand möglichst ansprechend, aber sachgemäß abbilden (z. B. Foto einer Seilbahn anstatt einer Zeichnung). ▪ Sie kann auch didaktisch reduziert sein, d. h. sie stellt den entscheidenden Aspekt des Lerngegenstands vergrößert dar (z. B. Aufhängung der Seilbahngondel). ▪ Die Abbildung kann vergrößert beispielsweise über einen Overheadprojektor, ein White oder Smartboard gezeigt werden. ▪ Um Anlaufschwierigkeiten abzufangen, kann eine Lehrkraft die Kinder instruieren, indem sie z. B. sagt: Schaut euch das Bild an. Was seht ihr? Was …?
Variante und Weiterführung	▪ Nach der Meldekette sollte die Lehrkraft die Äußerungen der Kinder bündeln und strukturieren: Benennung des Lerngegenstands, der Fragestellung; Was wissen wir über den Lerngegenstand, was wollen wir noch wissen? ▪ Der Stumme Impuls kann auch durch andere Methoden wie das Mindmapping oder das Anfertigen einer Stichwortliste ergänzt werden.

Beispiele

Abbildungen von Lerngegenständen, die nicht (ohne Weiteres) real in den Klassenraum geholt werden können: z. B. Kakaopflanze, Vulkan, Eiffelturm, Kläranlage, Dinosaurier, Wasserkreislauf, Tiere, Familiensituationen …

Stummer Impuls (Gegenstand)

Klasse	ab 1
Inhaltliche Anbindung	Alle Themen möglich
Vorbereitung/Material	Lerngegenstand als Realia oder Modell
Besonderer Nutzen (inkl. Kompetenzen)	Vorwissen aktivieren, Assoziieren, Betrachten/Beobachten, Beschreiben, Fragen formulieren

Möglicher Ablauf

- Die Kinder sitzen so, dass sie alle problemlos den Gegenstand bzw. das Modell betrachten oder ggf. beobachten können.
- Sie betrachten/beobachten den Gegenstand / das Modell und äußern sich dazu: sie beschreiben, was sie sehen, benennen den Lerngegenstand, aktivieren ihr Vorwissen, formulieren Fragen an den Lerngegenstand.
- Die Kinder rufen sich gegenseitig auf (Meldekette).
- Die Lehrkraft äußert sich während dieser Phase nicht und kommentiert nichts. Gegebenenfalls kann sie einen neuen Impuls durch das Deuten auf einen bestimmten Bildausschnitt setzen.

Tipps	▪ Der Einsatz eines Modells bietet sich dann an, wenn der Lerngegenstand mehrdimensional vereinfacht, vergrößert oder verkleinert dargestellt werden soll. ▪ Um Anlaufschwierigkeiten abzufangen, kann eine Lehrkraft die Kinder instruieren, indem sie z. B. sagt: Schaut euch den Gegenstand / das Modell an. Was seht ihr? Was …?
Varianten und Weiterführung	▪ Der Gegenstand kann von den Kindern auch mit verschiedenen Sinnen erfahren werden: Fühlen, Riechen, Hören. Am einfachsten ist es, wenn sie den Gegenstand in einem zugebundenen Beutel präsentiert bekommen, der reihum weitergereicht wird. Die Kinder äußern sich, was ihrer Meinung nach im Beutel ist und begründen. ▪ Die Lehrkraft kann während der Meldekette eine Begriffssammlung anlegen. Erfahrungsgemäß benutzen die Kinder verschiedene Begriffe für die Sache. Durch die Begriffssammlung zeigen sich die Vorkenntnisse und die Begriffe können im folgenden Unterricht genutzt oder um den (richtigen) Fachbegriff ergänzt werden.

Beispiele

- Gegenstände: Lebensmittel, Werkzeug, Stoffe, Pflanzen(teile) …
- Modelle: Ritterburg, Zahnräder, Zahnmodell, Planetenmodell …

Podcast, Film, Hörmedium

Klasse	ab 1
Inhaltliche Anbindung	Alle Themen möglich
Vorbereitung/Material	Geeignetes Medium auswählen und Technik sicherstellen
Besonderer Nutzen (inkl. Kompetenzen)	Sachkompetenzen, auditive und kommunikative Kompetenzen fördern

Sachinformation

Podcasts sind kurze Audio- bzw. Video-Dateien, die im Internet unabhängig von den ursprünglichen Sendezeiten verfügbar sind. Zumeist laufen diese im Rundfunk- oder Fernsehprogramm. Manche werden gezielt auch nur für die Bereitstellung im Internet produziert. Sie lassen sich mit gängigen Playern abspielen.

Möglicher Ablauf

› Eine Sendung vorspielen bzw. zeigen und anschließend auswerten.

Tipps	▪ Möglichst auf eine gute Qualität hinsichtlich der Visualisierung und Akustik Wert legen (z. B. Auflösung, Lautstärke). ▪ Die Präsentationen zwei- bis dreimal anbieten. ▪ Längere Sendungen durch Unterbrechungen sinnvoll aufteilen. ▪ Begleitaufgaben zur gezielten Aufmerksamkeitslenkung stellen: Beobachtungs- oder Höraufgaben, die zu den wichtigsten Sachinformationen (Begriffe, Zusammenhänge) führen. ▪ Komplexe und schwierig zu verstehende Begriffe vorbesprechen.
Varianten und Weiterführung	▪ Beantwortung von Fragen verschriftlichen, Interviews führen ▪ Lernplakate erstellen, Quizformen einsetzen

Beispiele

- Kindernachrichtenformate als Video- oder Audio-Podcast. Verfügbar auf den Internetauftritten vieler öffentlich-rechtlicher Rundfunkanstalten (u. a. Klicker-Nachrichten für Kinder unter www.wdr.de → Kinderradiopodcasts; logo! unter www.tivi.de → Fernsehen)
- Kinder-Reportagen als Video- oder Audio-Podcast (u. a. Neuneinhalb. Deine Reporter unter http://neuneinhalb.wdr.de; Erklär' mal unter www.kiraka.de)
- (Didaktische) DVDs zu relevanten Themen z. B. über regionale (Kreis-) Medienstellen/-zentren, Bibliotheken und Bildungsserver (Podcasts).

Name: Klasse: Datum:

Begleitaufgaben zur Sendung

1. Umkreise alle Begriffe, die in der Sendung vorkommen.

(Notieren Sie hier bitte passende Begriffe)

2. Formuliere drei Fragen zur Sendung.
   Sie beginnen mit einem Fragewort aus dem Kasten.

Was …?	Wie …?	Warum …?	Wo …?
Wozu …?	Woher …?	Wieso …?	Weswegen …?

Frage 1: ______________________________

____

____

Frage 2: ______________________________

____

____

Frage 3: ______________________________

____

____

3. Überlege dir auch, welche Antworten du erwartest.

Vortrag

Klasse	ab 1
Inhaltliche Anbindung	Alle Themen möglich
Vorbereitung/Material	Sachkundig machen, Vortrag vorbereiten
Besonderer Nutzen (inkl. Kompetenzen)	Informieren über den Lerngegenstand, Sachkompetenz anbahnen

Möglicher Ablauf

- Der Vortrag sollte kurz und prägnant sein.
- Er sollte ein eindeutiges Thema haben und klar gegliedert sein.
- Der Vortrag kann Wiederholungen enthalten.
- Am Ende können die wichtigsten Punkte noch einmal zusammengefasst werden.
- Zwischen- oder Verständnisfragen sollten nicht während des Vortrags gestellt werden.

Tipps	▪ Je jünger die Kinder sind, desto kürzer sollte der Vortrag sein (Klasse 1 max. 5 Minuten). ▪ Um den Vortrag vorzuentlasten, bietet es sich an, eine Liste (Wortspeicher) anzulegen. Dort werden die wichtigsten Begriffe aufgeführt, die das Verstehen des Vortrags ausmachen. Die Begriffe werden vorab geklärt. ▪ Eine entsprechende Mimik und Gestik kann den Vortrag unterstützen. ▪ Wie bei der Erzählung kann das Verstehen der Inhalte z. B. auch durch sachbezogene Visualisierungen und Modelle, aber auch durch Filmsequenzen unterstützt werden. ▪ Der Vortrag sollte möglichst frei vorgetragen werden.
Varianten und Weiterführung	▪ Wenn die Kinder dazu in der Lage sind, können sie sich während des Vortrags Notizen machen. ▪ Am Ende des Vortrags kann die Zusammenfassung der wichtigsten Thesen an die Kinder übergeben werden.

Beispiele

- Wasserversorgung
- Recycling von Glas, Papier etc.
- Funktion einer Zugbrücke
- Auftriebskraft des Wassers
- Entstehungsbedingungen von Stürmen
- Zusammenhänge von politischen Entscheidungen und Lebensbedingungen

Erzählungen

Klasse	ab 1
Inhaltliche Anbindung	Alle Themen möglich
Vorbereitung/Material	Geeignete Geschichte auswählen oder ausdenken
Besonderer Nutzen (inkl. Kompetenzen)	Aufmerksamkeit erzeugen, Ruhe schaffen, Informieren, Problematisieren

Möglicher Ablauf

Es gibt keinen festgelegten Ablauf für Erzählungen, vielmehr sind bestimmte Durchführungsbedingungen zu beachten:

- Die Erzählung sollte spannend sein und einen Handlungsablauf enthalten. Dabei ist es sinnvoll, die Zusammenhänge zu personalisieren. Abstraktes wie z. B. ein Problemzusammenhang lässt sich leichter mittels einer Handlung „echter" Menschen nachvollziehen.
- Je jünger die Kinder sind, desto weniger Personen sollten in der Erzählung vorkommen.
- Die Körpersprache der erzählenden Person ist wichtig. Die Erzählung wird lebendig durch überlegt eingesetzte (gegebenenfalls auch übertriebene) Mimik, Gestik, Bewegungen im Raum, durch Wechsel des Sprechtempos, der Lautstärke und Betonung.

Tipps	▪ Die Erzählung sollte möglichst authentisch und lebendig dargeboten werden, gegebenenfalls kann ein Stichwortzettel zu Hilfe genommen werden. ▪ Das (freie) Erzählen einer Geschichte kostet eventuell Überwindung. Dies kann aufgelöst werden, indem man mittels einer Requisite (z. B. Hut oder Umhang) in die Rolle des Erzählers „schlüpft". ▪ Das Verstehen der Geschichte kann erleichtert werden durch den Einsatz von Abbildungen: Gerade wenn mehrere Personen in der Geschichte vorkommen, können die Kinder die Protagonisten besser unterscheiden. ▪ Die Lehrkraft sollte Erzählungen nur dann einsetzen, wenn sie die Situation authentisch darstellen kann. Die Kinder merken schnell, ob sich die Erzählerin bzw. der Erzähler in der Erzählsituation wohl fühlt.
Variante und Weiterführung	▪ Die Erzählung ist eine lehrkraftzentrierte Methode, daher bietet es sich an, dass die Kinder anschließend die Geschichte nacherzählen, Problemstellungen identifizieren, Lösungsmöglichkeiten antizipieren o. Ä.

Beispiele

- Sachinformationen geben (Natur, Historie, Technik, Politik, Geografie)
- Problem, Konflikt herausstellen (Soziales Lernen, Ethik)

Demonstrationsversuch

Klasse	ab 1
Inhaltliche Anbindung	Naturwissenschaftlich-technische Inhalte
Vorbereitung/Material	Material für den Versuch
Besonderer Nutzen (inkl. Kompetenzen)	Neugierde und Interesse wecken, Vorwissen aktivieren, Lösungen antizipieren, Hypothesen bilden

Möglicher Ablauf

- Die Kinder sitzen so, dass sie dem Demonstrationsversuch gut folgen können, die Lehrkraft führt den Versuch vor (Beispiele s. u.).
- Sie kann die Kinder explizit auffordern, sich zu äußern (z. B. „Warum ist das so?") oder sie nutzt den Versuch als stummen Impuls.
- Die Kinder äußern sich, was sie sehen und welche Erklärungen sie für das Phänomen haben.

Tipp	Als Demonstrationsversuch eignen sich alle Versuche, die eine kurze Dauer haben und bei denen das Phänomen ohne Hilfsmittel (z. B. Lupe) gut zu beobachten ist. Auch Versuche, die nur von der Lehrkraft durchgeführt werden sollten, weil sie gefährlich sind (z. B. mit Feuer und brennbaren Flüssigkeiten), bieten sich dafür an.
Variante und Weiterführung	An den Demonstrationsversuch schließen sich weitere Versuche zum gleichen Phänomen an, damit sich Vorstellungen bei den Kindern festigen können. Zu Beispiel 1 (s. u.): Flasche mit Loch und Flasche ohne Loch mit Wasser mittels Trichter befüllen (→ in die eine Flasche läuft alles Wasser hinein, in die andere nicht). Oder: Papierkugel in eine liegende Flasche pusten (→ funktioniert nicht, weil Flasche voll mit Luft ist).

Beispiele

- Luft: mehrere PET-Flaschen, eine davon mit einem kleinen Loch. In jeder Flasche hängt ein Luftballon, der über die Flaschenöffnung gestülpt ist. „Wer schafft es, den Ballon in der Flasche aufzupusten?" Lehrkraft schafft es problemlos, einzelnen Kindern gelingt das mit ihrer Flasche nicht (, weil deren Flasche kein Loch hat). Frage: „Warum ist das so?"
- Magnetismus: Lehrkraft hält in ihrer Hand versteckt einen starken Magneten. Auf dem Tisch liegt ein Stück Papier (hat die Form eines Gespenstes). Auf dessen Rückseite ist (unsichtbar) eine Büroklammer befestigt. Das Gespenst ist mit einem Bindfaden am Tisch fixiert. Lehrkraft führt die Hand (mit Magneten) über das Gespenst und lässt es schweben. Frage: „Wie funktioniert das?"

Picture-Show

Klasse	ab 2
Inhaltliche Anbindung	Alle Themen möglich
Vorbereitung/Material	Geeignetes Material auswählen und visualisieren
Besonderer Nutzen (inkl. Kompetenzen)	Vorwissen aktivieren, Zusammenhänge erkennen, Gesprächsanlässe

Möglicher Ablauf

- Den Kindern wird eine Bilderfolge mit sechs Bildern zu einem bestimmten Thema/Oberbegriff präsentiert, jedes Bild ist ca. 5 bis 10 Sekunden zu sehen.
- Die Schülerinnen und Schüler betrachten die Bilder nacheinander, dabei wird nicht gesprochen.
- Anschließend äußern sich die Lerner, unter welchem Oberbegriff sich die gezeigten Bilder (Repräsentanten der Unterbegriffe) zusammenfassen lassen und begründen dies sachlogisch.

Tipps	▪ Die Bilderfolge lässt sich gut mittels PowerPoint-Präsentation und Beamer oder mittels Folien und OHP präsentieren, da durch die vergrößerte Darstellung die Bilder gut zu sehen sind. Wenn die Bilder an der Tafel gezeigt oder von der Lehrkraft hochgehalten werden, sollte sichergestellt sein, dass alle Kinder sie problemlos sehen können. ▪ Die Zeitspanne, in der die einzelnen Bilder zu sehen sind, sowie die Anzahl der Bilder kann an die Bedürfnisse der Lerngruppe angepasst werden.
Varianten und Weiterführung	▪ Die einzelnen Bilder können noch einmal betrachtet werden und die Kinder äußern sich dazu, indem sie die Motive benennen (Wortschatzarbeit). ▪ Die Schülerinnen und Schüler antizipieren, welche Bilder noch zur Bilderfolge passen könnten, sodass diese fortgesetzt werden kann. ▪ Die Kinder können selber zu einem bestimmten Thema Bilder sammeln und eine Bilderfolge präsentieren.

Beispiele

Oberbegriff und sechs Unterbegriffe

- Frühblüher: Tulpe, Narzisse, Hyazinthe, Schneeglöckchen, Krokus, Buschwindröschen
- Werkzeuge: Hammer, Säge, Bohrer, Schraubendreher, Zange, Schraubzwinge
- Feuerwehr: Feuer, Feuerwehrmann, aufgerollter Schlauch, Feuerwehrhelm, Atemmaske, Drehleiter

Comic, Bildergeschichte

Klasse	ab 1/2
Inhaltliche Anbindung	Vornehmlich gesellschaftlich-soziale Themen
Vorbereitung/Material	Geeignetes Material auswählen und visualisieren
Besonderer Nutzen (inkl. Kompetenzen)	Sachkompetenzen, kommunikative Kompetenzen fördern: Zusammenhänge erkennen, Gesprächsanlässe

Möglicher Ablauf

- Den Lernern wird ein Comic / eine Bildergeschichte präsentiert. Diese kann kommentiert und mit einer selektiven Begleitaufgabe angeboten werden oder auch als stummer Impuls (siehe Stummer Impuls) wirken.
- Den Comic / die Bildergeschichte (genau) beschreiben lassen, um Details zu erkennen und vorschnelle Schlussfolgerungen zu vermeiden.
- Anschließend erst die Interpretation vornehmen.

Tipps	▪ Möglichst auf eine klar erkennbare Qualität bei der Visualisierung Wert legen (u. a. gute Auflösung, gute Druckqualität). ▪ Mitunter können inhaltliche und/oder methodische Bezüge zum Fach Deutsch erzeugt bzw. genutzt werden (fachübergreifender Ansatz).
Varianten und Weiterführung	▪ Anhand eines Fragenkatalogs können die Kinder die Narration systematisch erarbeiten. ▪ Es lassen sich Bildunterschriften formulieren, anschließend auch eine Gesamtüberschrift. ▪ Die Lerner schreiben und/oder zeichnen die Geschichte fort. ▪ Ein alternatives Ende kann erdacht werden. ▪ Die Narration kann nacherzählt werden. Das kann aus der Perspektive eines Protagonisten erfolgen. ▪ Der Comic / die Bildergeschichte kann zuvor enträtselt werden (siehe Enträtseln).

Beispiel

Siehe Kopiervorlage auf der nächsten Seite.

Material

Comic, Bildergeschichte

Karikatur

Klasse	ab 3
Inhaltliche Anbindung	Vornehmlich gesellschaftlich-soziale Themen
Vorbereitung/Material	Geeignete Karikatur auswählen und visualisieren
Besonderer Nutzen (inkl. Kompetenzen)	Kommunikative Kompetenzen fördern: Gesprächsanlässe, Diskussionen, kritische Betrachtung, Problembewusstsein

Möglicher Ablauf

- Den Lernern wird eine Karikatur präsentiert. Diese kann kommentiert und mit einer selektiven Begleitaufgabe angeboten werden oder auch als stummer Impuls wirken.
- Die Karikatur (genau) beschreiben lassen, um Details zu erkennen und vorschnelle Schlussfolgerungen zu vermeiden.
- Anschließend erst die Interpretation vornehmen.

Tipps	▪ Möglichst auf eine klar erkennbare Qualität bei der Visualisierung Wert legen (u. a. gute Auflösung, gute Druckqualität, angemessene Größe). ▪ Den Schülerinnen und Schülern genügend Zeit lassen, sich mit der Inhaltsebene auseinanderzusetzen, bevor im Plenum darüber gesprochen wird (z. B. Partnermurmelgespräch vorschalten). ▪ Karikaturen gezielt nach den Fähigkeiten der Schülerinnen und Schüler auswählen. ▪ Eventuell in Kauf nehmen, dass die Inhaltsebene erfasst werden kann, der „Witz" aber von den Kindern nicht gänzlich verstanden wird. ▪ Bitte berücksichtigen, dass Karikaturen keine umfassenden, sachlichen Informationen geben und oft einseitig, perspektivisch und provokativ sind.
Varianten und Weiterführung	▪ Anhand eines Fragenkatalogs können die Schülerinnen und Schüler die Karikatur systematisch erarbeiten (anfänglich analysieren). ▪ Es lassen sich sachliche und kreative Bildunterschriften formulieren. ▪ Differenzierung: Als höchstes Anforderungsniveau können einige Kinder Anwendungsaufgaben für andere Kontexte lösen (Lerntransfer) und eigene kurze Stellungnahmen schreiben. ▪ Die Karikatur kann zuvor enträtselt werden (siehe Enträtseln).

Beispiel

Siehe Kopiervorlage auf der nächsten Seite.

Material

Karikatur

Fishbone erstellen

Klasse	ab 2
Inhaltliche Anbindung	Alle Themen möglich
Vorbereitung/Material	Siehe Kopiervorlage, Tafel
Besonderer Nutzen (inkl. Kompetenzen)	Vorwissen aktivieren, Assoziationen visualisieren, Kategorien bilden, Themen strukturieren

Möglicher Ablauf

- Ausgangspunkt für das Erstellen einer Fishbone ist ein Begriff, eine Frage, eine These oder Ähnliches. Diese kann in den Fischkopf geschrieben werden.
- Die Kinder notieren ihre Assoziationen auf den Gräten. Dabei sollen wichtige Begriffe nah am Kopf platziert werden, weniger relevante dann nahe am Schwanz.

Tipp	▪ Es dürfen nur einzelne Wörter bzw. Stichpunkte aufgeschrieben werden. ▪ Anders als bei einer Mindmap können hier Hierarchien und Wichtigkeiten durch Positionierung vom Kopf bis zum Schwanz abgebildet werden. ▪ Die Fishbone kann als Standortbestimmung genutzt werden (diagnostische Funktion). Vorwissen, Wortschatz, Interessen und Ordnungssysteme der Kinder werden deutlich. Diese können für die Gestaltung der weiteren Lernprozesse genutzt werden.
Varianten und Weiterführung	▪ Mehrere Versionen können in der Klasse vergleichen werden, um anschließend z. B. eine Top 10 oder Top 5 der meist genannten Punkte für die gesamte Lerngruppe zu erstellen. ▪ Anstelle von Verschriftlichungen können auch kleine Zeichnungen oder Abbildungen (z. B. aus Zeitschriften) ausgeschnitten und aufgeklebt werden.

Beispiele (siehe Mindmap)

Vorgabe

- eines Begriffs: Natur, Sommer, Freizeit, Weihnachten etc.
- einer Fragestellung: Wie kommt man an Informationen?
- eines Satzanfangs: Geschenke sind …, Experimentieren hilft mir …
- einer These: Kinder sind von klein an neugierig und erkunden alles. Haie sind schützenswerte Tiere. Gekaufte Geschenke zum Muttertag sind die besten.

Material

Fishbone erstellen

Fishbone zu ______________________

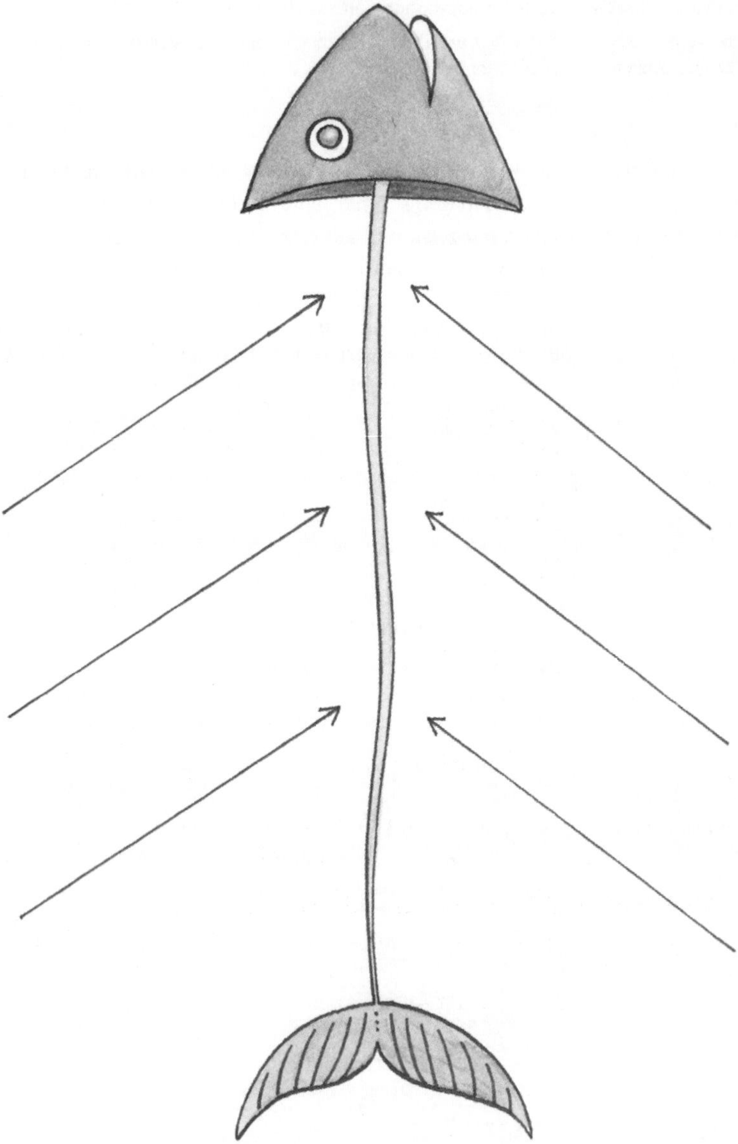

Mindmap erstellen

Klasse	ab 2
Inhaltliche Anbindung	Alle Themen möglich
Vorbereitung/Material	Siehe Kopiervorlage, Tafel / evtl. Whiteboard, Flipchart
Besonderer Nutzen (inkl. Kompetenzen)	Vorwissen aktivieren, Assoziationen visualisieren, Kategorien bilden, Themen strukturieren

Möglicher Ablauf

- Ausgangspunkt für das Erstellen einer Mindmap ist ein Begriff, eine Frage, eine These oder Ähnliches. Diese kann mündlich genannt werden oder ist das zentrale Element bei einer grafischen Darstellung.
- Die Kinder äußern ihre Assoziationen, diese werden z. B. an der Tafel oder auf einer Kopiervorlage visualisiert.
- Erstellen die Kinder individuell oder in Partnerarbeit die Mindmaps, schließt sich eine Präsentation im Plenum oder in Kleingruppen an.

Tipp	▪ Die Mindmap kann als Standortbestimmung genutzt werden (diagnostische Funktion). Vorwissen, Sprachvermögen, Wortschatz, Interessen und Ordnungssysteme der Kinder werden deutlich. Diese können für die Gestaltung der weiteren Lernprozesse genutzt werden.
Varianten und Weiterführung	▪ Nach einer Präsentation kann die Mindmap ergänzt und ggf. korrigiert werden. ▪ Um die Assoziationen zu strukturieren, bietet sich als Weiterführung das Clustern an: Begriffe zusammenfassen und eine Überschrift finden. ▪ Anhand der Ideensammlung lassen sich z. B. Forscherfragen der Kinder ableiten, die in der Weiterführung aufgegriffen und bearbeitet werden. ▪ Mindmaps/Cluster lassen sich kontinuierlich über eine Unterrichtssequenz/-einheit weiterführen, um so eine Dokumentation der erarbeiteten Fachbegriffe, Sachzusammenhänge etc. zu erstellen. Alternativ kann eine Mindmap auch nur zu Beginn und am Ende einer Einheit angefertigt werden. Durch den Vergleich wird der Lernzuwachs sichtbar.

Beispiele

Vorgabe

- eines Begriffs: Wald, Familie, Streit, Brücken etc.
- einer Fragestellung: Was weißt du über das Mittelalter? Wie löst du Konflikte?
- eines Satzanfangs: Mit Papier kann man …, Die Umwelt ist wichtig, weil …
- einer These: Kinder brauchen keine eigenen Rechte.

Material

Mindmap

Mindmap zu ______________________________

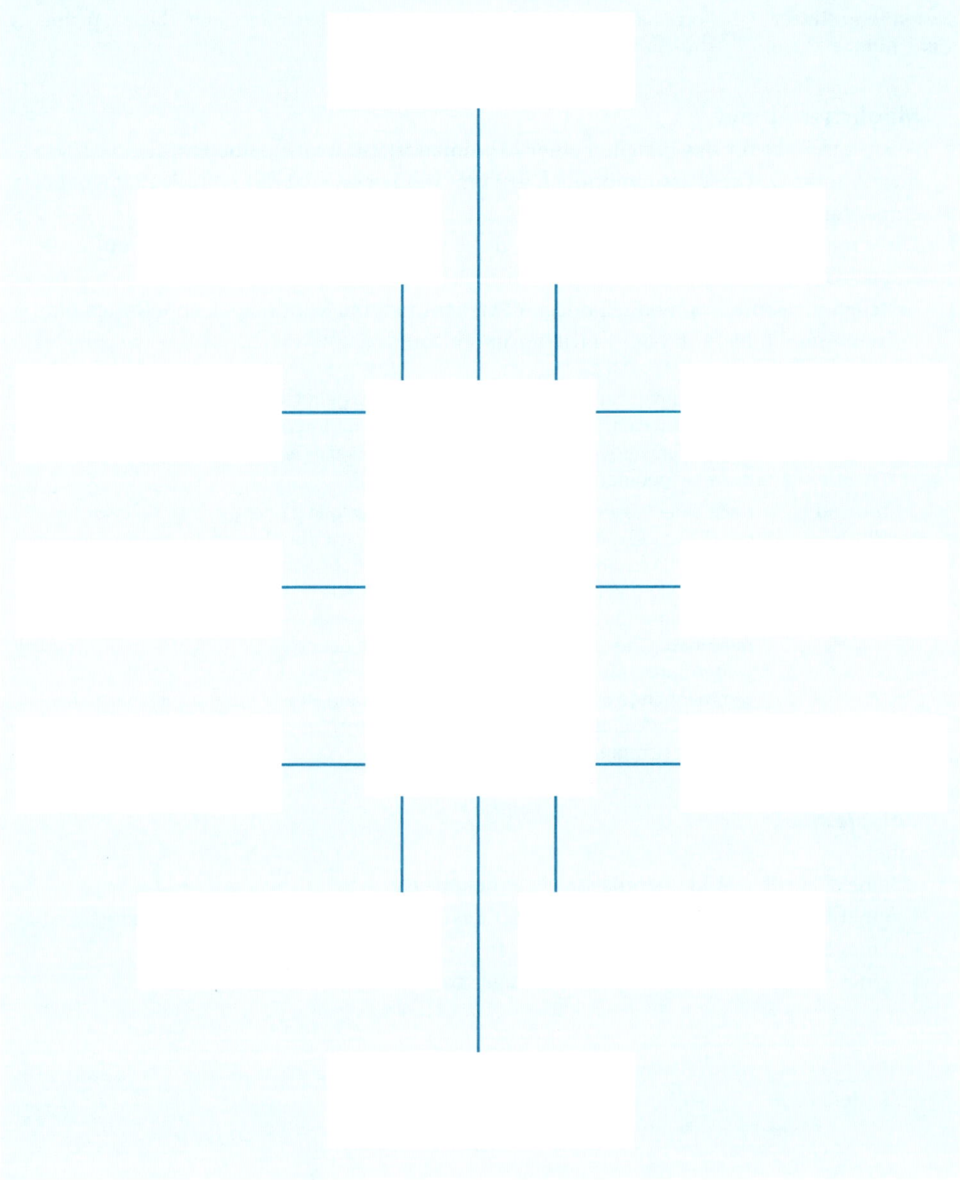

Concept-Map erstellen

Klasse	ab 2
Inhaltliche Anbindung	Alle Themen möglich
Vorbereitung/Material	Siehe Kopiervorlage
Besonderer Nutzen (inkl. Kompetenzen)	Präkonzepte aktivieren, Zusammenhänge visualisieren, Thema strukturieren

Sachinformation

Eine Concept-Map ist ein Mittel zur grafischen Darstellung von Wissen bzw. Begriffen (Concepts) und ihren Zusammenhängen und damit ein Mittel der Gedankenordnung und -reflexion. Zu unterscheiden ist die Concept-Map von der Mindmap, die eher ein Mittel zum Brainstorming ist.

Die Elemente der Darstellung sind Rechtecke, Pfeile und Pfeilbeschriftungen. Die Rechtecke repräsentieren Begriffe. Die Pfeile zwischen den Begriffen symbolisieren die Beziehungen zwischen den Begriffen. Die Pfeilbeschriftungen spezifizieren die Art der Beziehung; die Pfeilspitze legt die Leserichtung fest.

Möglicher Ablauf

- Ausgangspunkt für das Erstellen einer Concept-Map ist ein Thema oder eine Frage. Diese(s) kann mündlich genannt werden oder ist das zentrale Element bei einer grafischen Darstellung.
- Die Kinder bilden ihr Wissen ab, indem sie die Kästen ausfüllen bzw. Kästen anlegen und die Begriffe mit Pfeilen in Beziehung zueinander setzen.
- Die Pfeile werden beschriftet, indem die Art der Beziehung angegeben wird.
  Maus —ist ein→ Tier
- Es schließt sich eine Präsentation im Plenum oder in Kleingruppen an.

Tipp	Die Concept-Map kann als Standortbestimmung bzgl. des Vorwissens, der Präkonzepte, des Sprachvermögens genutzt werden (diagnostische Funktion).
Variante und Weiterführung	Nach einer Präsentation kann die Concept-Map ergänzt und ggf. korrigiert werden.

Beispiele

- Aufgaben in der Familie:
  Kästen = Familienmitglieder und Aufgaben; (ggf. beschriftete) Pfeile = Wer übernimmt welche Aufgaben?
- Ökosystem Wiese:
  Kästen = Tiere und Pflanzen der Wiese; beschriftete Pfeile = Wer ist von wem wie abhängig?

Material
Concept-Map

Concept-Map zu ____________________________

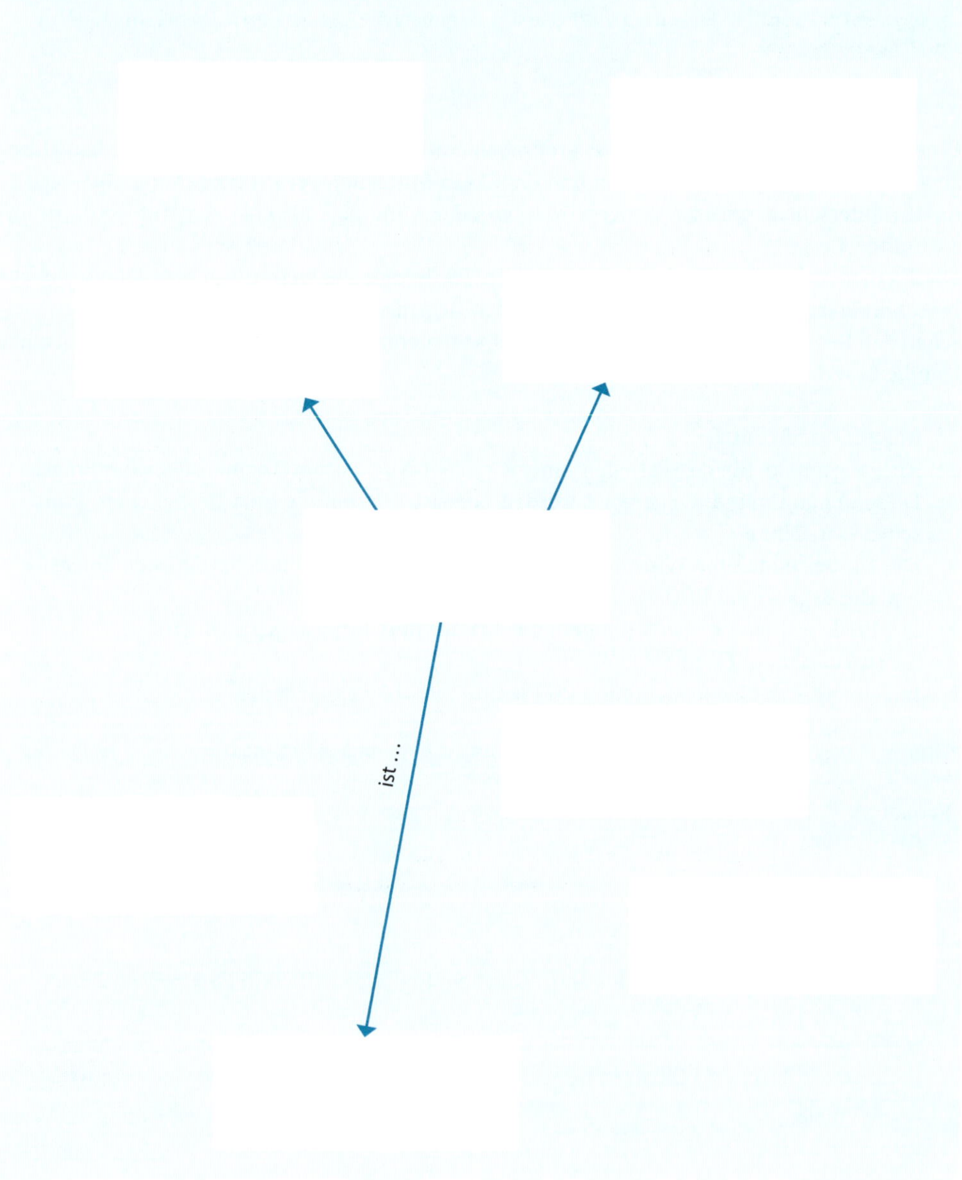

Assoziationen

Klasse	ab 2
Inhaltliche Anbindung	Alle Themen möglich
Vorbereitung/Material	Siehe Kopiervorlage
Besonderer Nutzen (inkl. Kompetenzen)	Vorwissen aktivieren, Assoziationen visualisieren, Fragen formulieren

Möglicher Ablauf

- Ausgangspunkt für das Assoziieren ist eine Frage, eine These oder Ähnliches.
- Die Kinder verschriftlichen ihre Assoziationen, diese werden auf der Kopiervorlage visualisiert.
- Da die Kinder ihre Kopiervorlage alleine bearbeiten, schließt sich eine Präsentation im Plenum oder in Kleingruppen an. Wenn es um persönliche Fragen geht, kann von einer öffentlichen Präsentation gegebenenfalls abgesehen werden.

Tipps	▪ Diese Methode eignet sich besonders, wenn Kinder sich nicht trauen, sich im Plenum zu äußern, weil sie sich z. B. nicht sicher sind, ob ihre Ideen „richtig" sind. ▪ Die Assoziationen können auch als Standortbestimmung genutzt werden (diagnostische Funktion) bzgl. Vorwissen, Meinungen, Interessen u. Ä. Diese können für die Gestaltung der weiteren Lernprozesse genutzt werden.
Varianten und Weiterführung	▪ Das Assoziieren kann auch genutzt werden, um Fragen an ein Thema zu formulieren, die die Kinder vielleicht ungern öffentlich äußern möchten (z. B. Sexualerziehung). ▪ Die Methode kann auch für die Auswertung von Gruppenarbeit genutzt werden.

Beispiele

- Was denkst du über: Streit, Taschengeld, Hausaufgaben, das neue Sachunterrichtsthema, die letzte Gruppenarbeit …?
- Was weißt du über: das Leben im Mittelalter, den Beruf des Landwirts, die Entstehung der Erde …?
- Wie möchtest du in fünfzehn Jahren leben?
- Wie stellst du es dir an deiner weiterführenden Schule vor?
- Was möchtest du über Sex, Liebe und Zärtlichkeit wissen?

Material

Assoziationen

Assoziationen mit Buchstaben

Klasse	ab 2/3
Inhaltliche Anbindung	Alle Themen möglich
Vorbereitung/Material	Papier und Stift, ggf. Tafel
Besonderer Nutzen (inkl. Kompetenzen)	Vorwissen aktivieren, Assoziieren, Gedanken zu einem Thema schriftlich formulieren

Möglicher Ablauf

- Die Lehrkraft gibt einen Begriff mündlich ein oder schreibt ihn an die Tafel.
- Jeder Schüler arbeitet für sich und schreibt alle Buchstaben des Alphabets auf ein Blatt Papier.
- Dann schreibt das Kind zu jedem Buchstaben ein Wort auf, das ihm zum eingegebenen Begriff einfällt. Das Wort beginnt mit dem jeweiligen Buchstaben.
- Anschließend werden die Arbeitsergebnisse im Plenum präsentiert.

Tipp	Da es dauern kann, bis alle Schülerinnen und Schüler die Buchstaben des Alphabets aufgeschrieben haben, kann dies auch als Kopiervorlage von der Lehrkraft vorbereitet werden.
Varianten und Weiterführung	- Die Methode kann auch im Plenum an der Tafel bzw. auf einer Folie mittels OHP durchgeführt werden. - Anstatt Einzelarbeit bietet sich für die Durchführung auch Partner- oder Kleingruppenarbeit an. - Die Lehrkraft gibt einen Begriff ein. Mit den Anfangsbuchstaben dieses Wortes werden Begriffe gesammelt, die die Kinder damit assoziieren. - Die Kinder bekommen einen Begriff genannt, den sie horizontal auf ein Blatt Papier schreiben. Vertikal werden jetzt Wörter integriert, die sie mit dem Begriff in Verbindung bringen.

Beispiele

- Nehmt die Buchstaben des Alphabets als Anfangsbuchstaben für Wörter, die ihr mit dem Begriff „Recycling“ verbindet.
- Bildet mit den Anfangsbuchstaben des Begriffs „Naturschutz“ Wörter, die ihr damit verknüpft.
-

```
                  W
D  E  M  O  K  R  A  T  I  E
                  H
                  L
```

Ideensammlung

Klasse	ab 2
Inhaltliche Anbindung	Gemeinsame Planung von Vorhaben
Vorbereitung/Material	Tafel, Flipchart, Wandzeitung oder Aufnahmegerät
Besonderer Nutzen (inkl. Kompetenzen)	Assoziieren, Fantasieren, Formulieren von Gedanken

Möglicher Ablauf

- Die Schülerinnen und Schüler denken gemeinsam laut über ein Thema, eine Frage, eine These nach. Alle Ideen dürfen geäußert werden, Logik und Vernunft spielen bei der Sammlung keine Rolle.
- Jeder Gedanke zählt und sollte von den anderen Kindern positiv aufgenommen werden. Die Idee kann dabei verändert oder weiterentwickelt werden.
- Die Äußerungen werden notiert und protokolliert (an der Tafel, auf einer Wandzeitung) oder per Aufnahmegerät aufgezeichnet, damit sie alle sehen bzw. noch einmal hören und nachvollziehen können.

Tipp	Um die Kinder für diese Methode zu öffnen, empfiehlt es sich, vorher eine kurze Fantasiereise zu machen: Die Kinder kommen zur Ruhe und aktivieren ihre Fantasie.
Varianten und Weiterführung	Die protokollierten Ideen können anschließend geordnet werden. Dafür werden Ordnungsstrukturen ermittelt, diskutiert und die Ideen werden zugeordnet. Die Ideen werden auf ihre Logik und ggf. Umsetzbarkeit hin geprüft und diskutiert.

Beispiele

- Die Schule will das Schulgelände neu gestalten und möchte die Wünsche der Kinder mittels einer Ideensammlung erheben. An der Prüfung der Ideen auf Umsetzbarkeit sind die Kinder somit beteiligt.
- Die Kinder planen ein Projekt zu einem bestimmten Thema (vorgegeben oder selbst gewählt). In der Ideensammlung ist zunächst alles möglich, die Prüfung erfolgt anschließend im Plenum.
- Wie leben wir in 100 Jahren?
- Erhebung von Präkonzepten: Wie funktioniert ein Computer? Was passiert mit der Flasche, wenn ich sie in den Container geworfen habe?

sechs – drei – fünf

Klasse	ab 3
Inhaltliche Anbindung	Alle Themen möglich
Vorbereitung/Material	Siehe Kopiervorlage
Besonderer Nutzen (inkl. Kompetenzen)	Vorwissen aktivieren, Assoziieren, Ideen entwickeln

Möglicher Ablauf

- Es sitzen jeweils sechs Schülerinnen und Schüler an einem Gruppentisch. Die Lehrkraft gibt eine Frage / eine Problemstellung ein und visualisiert diese gegebenenfalls.
- Jedes Kind assoziiert für sich Lösungsvorschläge und schreibt diese innerhalb einer festgelegten Zeit (z. B. fünf Minuten) in die drei vorgegebenen Felder einer Zeile auf der Kopiervorlage.
- Dann wird das Arbeitsblatt zum rechten Sitznachbarn weitergegeben.
- Der liest sich die Lösungsvorschläge durch, lässt sich zu neuen Ideen anregen und ergänzt diese in den nächsten drei Feldern. Dann gibt er das Blatt weiter.
- Dies geschieht fünf Mal hintereinander.

Tipps	▪ Die Kinder sprechen während der Phase der Ideensammlung nicht miteinander. ▪ Sie sollten dazu angehalten werden, leserlich zu schreiben. ▪ Für diesen Unterrichtseinstieg eignen sich besonders konkrete und eingegrenzte Problemfragen.
Varianten und Weiterführung	▪ Für die Auswertung werden die Blätter auf den Gruppentischen ausgelegt und können von allen Kindern während eines Rundgangs betrachtet werden. ▪ Jedes Kind bewertet anschließend die Ideen auf fünf bis zehn Blättern. Jeder markiert jeweils zwei oder drei Ideen, die ihm zusagen grün und zwei oder drei Ideen, die er ablehnt, rot. ▪ Anschließend werden die Bewertungen im Plenum ausgewertet. Gegebenenfalls kann auch eine Rangliste oder eine Auflistung der Ideen erstellt werden.

Beispiele

- Welche Regeln sollten wir für unsere Klasse / für den Schulhof, für die Gruppenarbeit / das Experimentieren aufstellen?
- Wie können wir Strom sparen?
- Welche Bedeutung hat für dich das Fernsehen?

Material

sechs – drei – fünf

Kopfstandmethode

Klasse	ab 3
Inhaltliche Anbindung	Alle Themen möglich
Vorbereitung/Material	Siehe Kopiervorlage
Besonderer Nutzen (inkl. Kompetenzen)	Fragen formulieren, Problemlösekompetenz, Perspektivenwechsel

Möglicher Ablauf

- Lehrkraft formuliert eine Problem- oder Fragestellung und visualisiert diese eventuell an der Tafel.
- Diese wird gemeinsam mit den Schülerinnen und Schülern erläutert.
- Lehrkraft kehrt das Problem / die Fragestellung ins Gegenteil um und visualisiert diese eventuell.
- Die Kinder sammeln zu der neuen Frage / dem neuen Problem Ideen.
- Daraus leiten sie Lösungen für das ursprüngliche Problem, die ursprüngliche Frage ab.
- Die Lösungen werden im Plenum diskutiert und auf ihre Umsetzbarkeit hin bewertet.

Tipps	▪ Diese Weise der Problembetrachtung ermöglicht neue Blickwinkel, die Denkblockaden löst, festgefahrene Sichtweisen aufhebt und verschiedene Betrachtungsweisen in die Ideensuche einbezieht. Deshalb sollten möglichst alle Ideen und Lösungsalternativen Beachtung finden, um keine guten Lösungsvorschläge zu übersehen. ▪ In jedem Fall sollte ein Transfer der Lösungsalternativen auf die Ausgangsfrage erfolgen, um die Anschlussfähigkeit an die nachfolgende Auseinandersetzung mit den Inhalten zu gewährleisten.
Varianten und Weiterführung	▪ Die Kopfstandmethode kann auch in Einzel-, Partner- oder Kleingruppenarbeit durchgeführt werden. Dies kann mündlich oder schriftlich erfolgen. ▪ Wenn die Methode schriftlich angewendet wird, bietet es sich an, die Kopiervorlage einzusetzen. Die Eingabe der Frage und die Präsentation der Lösungsmöglichkeiten erfolgen dann mündlich im Plenum.

Beispiele

- Wie baut man eine stabile Brücke? —Kopfstand→ Wie baut man eine nicht-stabile Brücke?
- Wie spart man Wasser? —Kopfstand→ Wie spart man kein Wasser?

Name: Klasse: Datum:

Kopfstandmethode

Frage oder Problem:

Gegenteilige Frage oder Problem:

Kopfstandphase:
Welche **Ideen** hast du?
Schreibe sie auf.

Welche **Lösungen** ergeben sich daraus **für die Ausgangsfrage bzw. das Ausgangsproblem?**
Schreibe sie auf.

Welche Lösungen sind sinnvoll oder praktikabel? Markiere sie farbig.

Fehler finden und korrigieren

Klasse	ab 2
Inhaltliche Anbindung	Alle Themen möglich
Vorbereitung/Material	Einzelne Sätze, einen ganzen Sachtext oder eine Zeichnung mit Fehlern versehen
Besonderer Nutzen (inkl. Kompetenzen)	Vorwissen aktivieren, Vergleichen, Korrigieren

Möglicher Ablauf

- Die Kinder bekommen eine(n) fehlerhafte(n) Sachtext bzw. Zeichnung präsentiert. Diese(r) kann zentral über die Lehrkraft präsentiert werden, z. B. an der Tafel oder über den OHP, oder die Kinder bekommen ein entsprechendes Arbeitsblatt, welches sie allein, zu zweit oder in der Gruppe bearbeiten.
- Die Fehler werden identifiziert, indem sie z. B. farbig markiert, eingekreist oder durchgestrichen werden.
- Die Fehler werden korrigiert, indem z. B. der richtige Begriff eingesetzt wird oder die Zeichnung richtig ergänzt wird.

Tipps	▪ Diese Aufgabe eignet sich gut zur Differenzierung: ▪ Es können unterschiedlich viele Fehler eingebaut werden. ▪ Der Schwierigkeitsgrad kann variiert werden, sodass der Text oder die Zeichnung auch auf seine/ihre Logik überprüft werden muss.
Varianten und Weiterführung	▪ Die Auswertung der Aufgabe kann zentral über die Lehrkraft erfolgen oder mittels Selbstkontrolle über eine entsprechende Vorlage. Wünschenswert ist, dass die Kinder begründen, warum sie einen Aspekt als Fehler identifiziert haben. ▪ Die Schülerinnen und Schüler können auch selber Vorlagen mit Fehlern anfertigen, die dann von anderen Kindern bearbeitet werden.

Beispiele

- Sachtext, in dem Faktenwissen präsentiert wird: Das Leben auf einer Burg (Fachbegriffe für die Burg werden falsch benannt)
- Steckbrief: Bezeichnung der Pflanzenteile ist falsch oder fehlt
- Bauanleitung: Schrittfolge ist vertauscht
- Symbole: Verkehrszeichen werden falsch benannt
- Sachzeichnungen: Das verkehrssichere Fahrrad (Teile falsch gezeichnet)
- Kreislaufdiagramme: Wasserkreislauf, Abwasserentsorgung
- Diagramme: Nahrungskette, Stromkreis

Satzanfänge weiterführen

Klasse	ab 2
Inhaltliche Anbindung	Alle Themen möglich
Vorbereitung/Material	Geeignete Satzanfänge vorbereiten
Besonderer Nutzen (inkl. Kompetenzen)	Sachkompetenz fördern, Sprech- und Schreibanlässe bieten

Möglicher Ablauf

- Den Lernern wird ein Satzanfang vorgegeben. Die Anzahl kann auch erhöht werden, damit eine Auswahl für die Schüler bereit steht.
- Die Kinder führen einen oder mehrere Sätze korrespondierend zu der Sachlogik/Struktur des vorgegeben Anfangs weiter.
- Eine Auswertung z. B. im Plenum, in Partnerarbeit oder per Selbstkontrolle sollte obligatorisch sein.

Tipps	▪ Damit nicht nur isoliertes Faktenwissen im Vordergrund steht, empfiehlt es sich, die Schülerinnen und Schüler aufzufordern, die Zusammenhänge zwischen verschiedenen Sätzen herzustellen und diese zu erläutern. ▪ Der Umfang sollte überschaubar bleiben. ▪ Anstelle von Satzanfängen können auch Abbildungen, Diagramme, Tabellen etc. ergänzt werden. ▪ Lerner können selbst Satzanfänge zu einer Thematik erstellen und diese den Mitschülerinnen und Schülern als Material zur Verfügung stellen.
Varianten und Weiterführung	▪ Für Sätze, die sich inhaltlich sinnvoll gruppieren lassen, kann eine Überschrift / ein Oberbegriff gefunden werden. ▪ Satzanfänge können nicht nur die Sachebene fokussieren, sondern auch Meinungen, Einstellungen, Vorlieben und Interessen in den Mittelpunkt rücken.

Beispiele

- Im Nachklärbecken werden …
- Der wichtigste Teil einer Kläranlage …
- Auf einer Wiese wachsen …
- Schnecken …
- Im Dezember …
- Ich kritisiere am Unterricht …
- Meine Forderung lautet …
- Mich interessiert am Thema …

Lückentexte vervollständigen

Klasse	ab 2/3
Inhaltliche Anbindung	Alle Themen möglich
Vorbereitung/Material	Geeignete Lückentexte vorbereiten
Besonderer Nutzen (inkl. Kompetenzen)	Sachkompetenz fördern, sachrichtige Verwendung von Begriffen, Zusammenhänge erklären

Möglicher Ablauf

- Den Lernern wird ein Lückentext vorgegeben.
- Die Schülerinnen und Schüler vervollständigen diesen korrespondierend zu der Sachlogik/Struktur des Textes.
- Eine Auswertung z. B. im Plenum, in Partnerarbeit oder per Selbstkontrolle sollte obligatorisch sein.

Tipps	▪ Das einzusetzenden Begriffe sollten sich unmittelbar aus dem Kontext des Textes erschließen lassen. ▪ Lückentexte lassen sich relativ einfach auf verschiedenen Schwierigkeitsstufen differenzieren, indem die Anzahl der Lücken und die gezielte Aussparung der Begriffe angepasst werden. ▪ Zur Unterstützung der Lerner können alle Lösungswörter und zusätzlich noch falsche Begriffe z. B. auf dem Arbeitsblatt angegeben sein. ▪ Der Umfang des Lückentextes sollte überschaubar bleiben. ▪ Lerner können selbst kurze Lückentexte erstellen und diese den Mitschülerinnen und -schülern als Material zur Verfügung stellen.
Varianten und Weiterführung	▪ Anschließend kann eine Gesamtüberschrift, ggf. auch Zwischenüberschriften formuliert werden. ▪ Die Kinder können Nachschlagewerke zur Hilfe nehmen, um z. B. Fachbegriffe besser zu verstehen.

Beispiel

In einer Familie gibt es mindestens _____ Personen. Manchmal lebt ein Kind mit seiner Mutter und seinem ________________ zusammen. Manche Kinder haben Geschwister, manche keine. Ab und an haben diese nicht die gleichen ____________________. Bei manchen Familien leben die Mutter und der Vater nicht in der gleichen ____________________. Kinder können auch zwei Mütter oder zwei Väter haben.

Name: Klasse: Datum:

Lückentext vervollständigen

Kinder haben Rechte: Was besagt die UN-Kinderrechtskonvention?

Jeder Mensch hat Rechte, die niemand verletzen darf. Dazu gehören das Recht auf Leben und das Recht auf medizinische Versorgung. Damit ________________ geschützt, ernst genommen und angehört werden, wurde im Jahr 1989 die UN-Kinderrechtskonvention beschlossen. Der offizielle Name lautet „Übereinkommen über die Rechte des Kindes“. Fast alle Länder der Welt sind sich grundsätzlich einig, dass Kinder besondere ____________________ haben. Sie gelten für alle Kinder gleichermaßen.

Die Kinderrechte lassen sich in drei Gruppen einteilen:

- Schutzrechte
- Förderrechte
- ____.

Egal wo du bist – ob in der Familie, bei Freunden oder in der Schule – die Kinderrechte haben überall ____. Obwohl das so ist, werden auf der ganzen Welt Kinderrechte missachtet. Manche Kinder haben keine Zeit zum Spielen, weil sie arbeiten müssen. Andere wiederum werden geschlagen, obwohl sie das Recht auf ____ haben.

Lösungen: Gültigkeit, Kinder, Schutz vor Gewalt, Rechte, Beteiligungsrechte

Demontieren

Klasse	ab 3
Inhaltliche Anbindung	Technische Fragestellungen
Vorbereitung/Material	Defekte, ausgemusterte Geräte, Werkzeuge
Besonderer Nutzen (inkl. Kompetenzen)	Vorwissen aktivieren, Hypothesen bilden, Konzepte überprüfen, Erforschen, Sach- und Methodenkompetenz entwickeln

Möglicher Ablauf

- Die Schülerinnen und Schüler beschreiben mündlich oder zeichnen, wie sie sich das Innere eines (Haushalts-)Geräts / einer Maschine vorstellen.
- Die Kinder überprüfen ihre Vorstellungen, indem sie ein Gerät, eine Maschine demontieren: Das Gehäuse wird geöffnet, indem alle Schrauben mittels Schraubendreher herausgedreht werden. Oder das Gehäuse wird geöffnet, indem es mit einer Handsäge durchgesägt wird.
- Das Innere des Gerätes kann nun betrachtet werden, eventuell demontieren die Kinder weitere Teile mittels Zange, Schraubendreher, Messer o. Ä.
- Die Lerner vergleichen ihre Vorstellungen mit der Realität.
- Eine Präsentation im Plenum dient der Vorstellung der Ergebnisse.

Tipps	▪ Vor der Demontage sollten alle äußeren Kabel durchtrennt werden. ▪ Das Aufsägen der Gehäuse kann für die Kinder erleichtert werden, indem es bereits zur Hälfte vorgesägt wird. ▪ Die Kinder sollten zuvor schon Erfahrungen im Umgang mit Werkzeugen gesammelt haben (Werkzeugführerschein). ▪ Dennoch vorher eine Sicherheitseinweisung machen und das Erste-Hilfe-Set prüfen!
Varianten und Weiterführung	▪ Demontageprotokoll anfertigen: Die demontierten Einzelteile des Gerätes werden abgezeichnet oder fotografiert und sachgerecht beschriftet. ▪ Anschlussfragen: Welche Funktion haben die Einzelteile? Was passiert mit dem Strom, der durch das Kabel in die Maschine gelangt?

Beispiel

- Wie sieht das Gerät von innen aus? Aus welchen Teilen besteht das Gerät?
- Mechanische Geräte: Salatschleuder, Eieruhr, Kaffee- oder Getreidemühle, Kugelschreiber, Küchenwaage …
- Elektrische Geräte: Akku-Bohrschrauber, Handrührgerät, Toaster, Kaffeemaschine, Waschmaschine, Radio, Wecker, Staubsauger, Föhn …

Markt der Möglichkeiten

Klasse	ab 3
Inhaltliche Anbindung	Alle Themen möglich
Vorbereitung/Material	Material bereitstellen
Besonderer Nutzen (inkl. Kompetenzen)	Vorwissen aktivieren, Interessen entwickeln, (sich) informieren

Möglicher Ablauf

› Zunächst muss die Lehrkraft folgende Vorbereitungen treffen:
- Das Thema der Unterrichtseinheit festlegen.
- Ein didaktisches Netz knüpfen[1] und bildungswirksame Inhalte auswählen (Vergleich mit Sachunterrichtscurriculum).
- Geeignete Materialien und Medien sammeln und bereitstellen.

› Die Materialien und Medien werden den Schülerinnen und Schülern nun auf einem großen Tisch angeboten, sie sind nicht nach Unterthemen geordnet:
- Die Kinder sichten die Materialien und Medienangebote.
- Sie prüfen, was sie interessiert und notieren auf bereitgelegten Zetteln (Forscher-) Fragen. Sie tauschen sich dabei untereinander aus.
- Im Plenum wird das Sichten und Prüfen ausgewertet, die notierten Fragen werden gesammelt, geklärt und für alle sichtbar fixiert.

Tipps	▪ Die Vorbereitung dieses Einstiegs ist zeitaufwändig, daher empfiehlt es sich, dies im Team zu machen. ▪ Die gesammelten Fragen sind dahingehend zu prüfen, ob sie sich mit dem bereitgestellten Material von den Kindern selbstständig beantworten lassen. Eventuell muss neues Material organisiert werden.
Varianten und Weiterführung	▪ Für die selbstständige und strukturierte Arbeit mit den (Forscher-)Fragen sollten konkrete Arbeitsaufträge formuliert werden. ▪ In einer abschließenden Präsentation werden die erarbeiteten Inhalte den anderen Kindern vermittelt. ▪ Wenn die Kinder Routine im Umgang mit dem Markt der Möglichkeiten haben, können sie stärker in die Planung einbezogen werden (Themenfindung, Materialsammlung, Ziele festlegen etc.).

Beispiele

- Der Weg der Schokolade (Anbau Kakao, Ernte, Transport, Verarbeitung …)
- Das Wattenmeer (Tiere, Pflanzen, Ebbe und Flut, Deichbau, Schutz …)

1 vgl. Kahlert, J. (2001): Didaktische Netze – ein Modell zur Konstruktion situierter und erfahrungsoffener Lernumgebungen. In: Meixner, J. / Müller, K. (Hrsg.): Konstruktivistische Schulpraxis. Neuwied, S. 73–94.